NOTRE CHER MARCEL EST MORT CE SOIR

亲爱的普鲁斯特今夜将要离开

[法]亨利·拉西莫夫 著
Henri Raczymow
陆茉妍 余小山 译

四川文艺出版社

图书在版编目（CIP）数据

亲爱的普鲁斯特今夜将要离开 / (法) 亨利·拉西莫夫著；陆茉妍，余小山译. — 成都：四川文艺出版社，2017.4

ISBN 978-7-5411-4643-5

Ⅰ. ①亲… Ⅱ. ①亨… ②陆… ③余… Ⅲ. ①马塞尔·普鲁斯特 – 传记 Ⅳ. ①K835.655.6

中国版本图书馆CIP数据核字（2017）第068759号

著作权合同登记号 图进字：21-2017-223

QINAI DE PULUSITE JINYE JIANGYAO LIKAI

亲爱的普鲁斯特今夜将要离开

（法）亨利·拉西莫夫 著 陆茉妍 余小山 译

策划出品 磨铁图书
责任编辑 李国亮 奉学勤
特约监制 魏玲 冯倩
特约责编 郑晓娟
装帧设计 沐希设计

出版发行 四川文艺出版社（成都市槐树街2号）
网 址 www.scwys.com
电 话 028-86259285（发行部） 028-86259303（编辑部）
传 真 028-86259306

邮购地址 成都市槐树街2号四川文艺出版社邮购部 610031
印 刷 河北鹏润印刷有限公司
成品尺寸 787mm × 1092mm 1/32
印 张 6.5 字 数 110千字
版 次 2017年6月第一版 印 次 2017年6月第一次印刷
书 号 ISBN 978-7-5411-4643-5
定 价 39.80元

青年普鲁斯特

序

他已然是卧床不起的暮年老人了，但躯壳里仍住着年轻人的灵魂。他把自己的公寓叫作“狗窝”。房间里什么吃的都没有，他也没有一丁点儿食欲，只能喝几口女管家为他准备的牛奶咖啡果腹。他瘦削而憔悴，唇边留着的胡子让他宛如先知。他觉得自己的胡子就像他笔下的人物斯万[1]的胡子那样好看。那时，斯万也是重病缠身、日薄西山，

1 斯万，《追忆似水年华》中的人物。

就如同现在的他一般。他已经不再每天坚持写作了，只是偶尔用他的钢笔写写改改，偶尔也口授给女管家或者打字员写几封感谢信，以回复国内外寄来的那些热情洋溢的赞美之辞，以及那些为他所写的文章和所做的研究。有时，他也会毫不留情地斥责那些无良的出版商、粗心的校对员或是印刷者。他已经为他的作品写好了结局，在稿纸的最后一页写下了“完”字，算是完成了他的作品，所以现在于他而言，最重要的是用所剩无几的精力去完善它。

他吃了很多药，只为在极其困倦的时候闭目而眠，睡上几个小时甚至几天。有时，也为了能在几小时到几天内保持清醒，激发新的灵感，重新去追忆那些依据现实人物原型所塑造的虚构角色：外祖母、贝戈特[1]，还有斯万。他已经不再外出，至多一个月出去一次。他终日在寓所内只为核实作品中的某些细节：某袭长裙的刻画、某段措辞的表达、前后逻辑的对照、人物容貌的描绘。很多人都盛情地邀请他去家中做客，但他通常每外出一次都身心俱疲，所以只好婉言拒绝。其实，他很看重这些邀请，能让他感受到生活的充裕和

---

1 贝戈特，《追忆似水年华》中的人物。

富足，不过很遗憾，那些人对此一无所知。

他在使用一种烟熏疗法，因此房间中总会弥漫着一种幽绿的烟雾，使人恍若身处群山之巅。不过，对于其他人来说，在他的房间里都会感到呼吸困难。他的床以及床头柜上都堆满了书、报纸和杂志，还有沾上了汤药污渍的淡绿色信封，上边还残留着他颤抖着涂改后的笔迹，依稀还能辨认出圣·卢和希尔贝特·斯万·福什维尔[1]的名字。此外，房间里还有堆积如山的笔记本，上面全是他重新添加进去的段落。这些要么是他亲手写的，要么是他口授给女管家或打字员的。他的女管家是打字员的侄女。

他拒绝医生为自己看病，他说他比任何医生都了解自己的身体状况。他随时都可能死去。他已经用哆嗦的手颤颤巍巍地写下了“完”字，他哆嗦是因为极度虚弱，也是因为极度兴奋。他把生命中尚存的每一分钟、每一小时、每一天都浇灌在了对作品的修修补补上，他精心修饰着每个人物，让每段感情表达得更加充沛，让每件事情都酷肖逼真。死对他来说并不重要，重要的是他是否能继续写下

---

1 希尔贝特·斯万·福什维尔，《追忆似水年华》中的人物。

去。因此，他的作品表面上是完结了，但却永无完结之日。这是一部永远在进行的作品，一部永远在衍生的作品，人物形象纷繁多样，语言精准而多义。出版社太不幸了，他们要出版的是二十世纪最令人绝望、最不受束缚的一本书。他每每重读样张，并非是要纠正错字或者版式，而是要让作品日臻完美，甚至要把他的死亡铭刻在作品之中。因此，他的生与死都能在书中以具象的文字、风格和事情准确无误地呈现出来。他只想为了真实而死，为了他所记录的一切、为了生与死的错综、为了永恒而死。因此，他不需要医生对他指指点点，也不需要照顾他的弟弟，因为他们什么都不知道，什么都不了解。他并非与死神相抗争，他只想能在永眠之前交付几句能被世人所理解的话，很快就要合上的棺盖将成为他的书封。但愿世人不会误解他，但愿世人能理解他；但愿他们能在他神智尚存的时刻按照他的意愿为他做些事情，也但愿他们能让他永远沉睡，简单地、没有痛苦地永远沉睡。这是他逝前最后的心愿。他知道，他的作品会比他活得更加久远。几十年来，作家们已经不再有这样的信念了，他们不会再为自己的作品而死，就和普罗大众一样。

第一章

一九一九年十一月，在阿姆兰大街四十四号居住了一个月的普鲁斯特已经四十八岁了，距离他永远离开这个世界还有三年。此时，他尚不知情，不过应当也有所察觉了。

事情发生在十二月十一日，那时，莱昂·都德[1]已经允诺他会支持普鲁斯特获得龚古尔文学奖[2]。下午五六点，

---

1 莱昂·都德（Léon Daudet，1867—1942），法国作家，龚古尔文学院院士。一九〇八年，莱昂·都德与莫拉斯合编保王派《法兰西行动报》，发表了无数激烈的极右派政论。

2 龚古尔文学奖（Le Prix Goncourt），设立于一九〇三年，每年颁发一次，面向当年在法国出版的法语小说，是法国久负盛名的文学大奖。一九一九年，普鲁斯特的《在少女们身旁》（《追忆似水年华》第二卷）获得龚古尔文学奖。

敲门声响了起来，塞莱斯特[1]急忙去开门。造访的是加斯东·伽利玛[2]先生，连同《新法兰西杂志》出版社的雅克·里维埃尔先生和商务部的特龙什先生，他们像东方三王[3]一般降临。看到他们来造访，塞莱斯特就明白了：普鲁斯特先生是龚古尔文学奖的得主！伽利玛先生要求立即去见普鲁斯特先生，他像一头牛似的，急不可耐地想要冲进楼道里。也好，她去看看普鲁斯特先生是否已经……尽管她已经去看过好多次了。

他被吵醒了。很显然，他刚刚做完烟熏疗法（房间里正烟雾弥漫），喝完了咖啡（杯子是空的）。“先生，我有一个重大的消息想要告诉您！我希望这能让您高兴——您获

---

1 塞莱斯特（Céleste），普鲁斯特的女管家。

2 加斯东·伽利玛（Gaston Gallimard，1881—1975），法国出版家，他所创建的伽利玛出版社为许多法国重要作家出版过作品。在二十世纪法国出版史上，伽利玛出版社几乎占据了半壁江山，自伽利玛出版社创办至加斯东去世，法国人得了十八次诺贝尔文学奖，其中六位是他的作者。他的作者还得了二十七次龚古尔文学奖、十八次法兰西学院小说大奖、十二次联合奖、七次美第奇奖、十次雷诺多奖、十七次费米娜奖……对许多读者来说，伽利玛可以说是法国文学的同义词。

3 东方三王，又称东方三贤士、东方三博士，在《圣经》中，在耶稣基督出生以后，来自东方的三位贤士带着礼物朝拜耶稣。

得了龚古尔文学奖！”塞莱斯特在床边说。

“好的。”

“什么，好的？”塞莱斯特惊讶地说。

“先生，这个奖……”塞莱斯特话还未完，伽利玛先生、里维埃尔先生和特龙什先生就出现在了门口，他们看上去就像愤怒的水牛。如果他们不是穿着大靴子踩在地上“咚咚”作响，并且未经同意就强行来到普鲁斯特的房间的话，他们的造访还是很美好的。

“好吧，亲爱的塞莱斯特，你不该这样。不过，现在我还不能接待他们，希望他们能改日再来。如果非要见的话，那就今晚吧，塞莱斯特，今晚十点左右。我的身体状况不太好，你代我向伽利玛先生致以诚挚的谢意，为所有的一切向他表示感谢。”

塞莱斯特顺从地回到门口，交代访客们需要等到今晚十点左右。

加斯东·伽利玛先生愤怒了，他说他不该那么急匆匆地去阿布维尔的印刷厂加印一九一九年龚古尔文学奖的作品，因为获奖者甚至都不愿意接受这个奖项！“真是好极了！因为我，在阿布维尔，人们都会知道这个无比荣耀的名字，而这个人却不愿见我！”伽利玛先生讽刺地说。

塞莱斯特苦恼地折回普鲁斯特的床边，又劝说了两句。最终，普鲁斯特接受了他们的造访，不过他只接待伽利玛先生一个人。

“亲爱的马塞尔先生，”伽利玛先生说，“对于举办庆功宴这件大事儿，您怎么看？”

“亲爱的加斯东先生，这不应该，这太可笑了。”普鲁斯特说。

短暂的会面告一段落，普鲁斯特吩咐塞莱斯特：无论是谁，不管他是记者、摄影师，还是文人，都别放他们进来，也不要回答他们的任何问题。“面对任何问题都不要开口。”普鲁斯特在唇边比画了一个十字。

然而第二天，他却意外地接待了所有来访的好心人，也包括昨天来的那三个人：加斯东·伽利玛先生、雅克·里维埃尔先生和居斯塔夫·特龙什先生。《法兰西行动报》的莱昂·都德的事情不多，为了普鲁斯特，他简直是忙上忙下的。《新法兰西杂志》出版社的团队是最后一批造访的，塞莱斯特说他们是群虚伪的好好先生。普鲁斯特预感自己的哮喘就要发作了，而且比以往都要严重，于是他开始打发访客们离开。哮喘发作过后，保尔·莫朗[1]来了，他给普鲁斯特看了罗朗·道格莱斯[2]与他共同竞争这次文学奖的小说《木十字架》[3]。书是阿尔班·米歇尔出版社出版的，封面上厚颜无耻地印着这样几个字：大号字体的“龚古尔文学奖”，小号字体的“十

---

1 保尔·莫朗（Paul Morand，1888—1976），法国作家，热衷于旅行，足迹遍布天下。他与同时代的马塞尔·普鲁斯特、让·科克托等都是文坛挚友。

2 罗朗·道格莱斯（Roland Dorgelès，1885—1973），法国作家、记者、龚古尔学院院士，其作品《木十字架》在落选龚古尔文学奖的同一年获得了费米娜奖。

3 普鲁斯特还没开始写作时，他便和加斯东•伽利玛认识了。伽利玛被对方“温柔的目光和漫不经心的态度所打动”，一见如故。一九一三年，普鲁斯特把《在斯万家那边》交给伽利玛，希望由他来出版，但稿子被当时的审稿人安德烈•纪德给毙了。普鲁斯特只好转到别家出版社自费出版，没想到评论甚好。好在伽利玛和普鲁斯特交情深，他打出感情牌，从竞争对手那边把普鲁斯特“挖角”过来，出版了《在少女们身旁》。晦涩的大部头延续了上一部的好口碑，但是要成为伽利玛和普鲁斯特期待的畅销书，则必须拿到龚古尔文学奖。于是，这两个人频繁出入咖啡馆和饭店，以朋友圈的力量对龚古尔文学奖的十个评委施加影响，和罗朗•道格莱斯的《木十字架》打得不可开交。这次文学奖的评选在双方的骂战中升级成“政治正确”的立场之争。最后，六票对四票，普鲁斯特的“少女花影”险胜了战场归来的鲜血英雄。近一个世纪过去了，如今连法语文学专家也未必记得曾卖掉五十万册的《木十字架》，这验证了道格莱斯当初的自嘲：“败给普鲁斯特是我一生的幸事，如果我战胜他，后人不会原谅我。”（摘自柳青《文学史的制作人：编辑们的故事》）

个人中就有四个人这么认为”。这是阿尔班·米歇尔出版社一贯的出版风格，他们从不输在气势上。普鲁斯特还阅读了《辩论报》上的几行内容：“……来自九泉之下的才华……一个决绝的隐居者失眠时所写下的文字……”

塞莱斯特按照要求妥善地统计了来信数量：普鲁斯特整整收到了八百七十封道贺信。并且，他给绝大多数人都回了信。那时，他已经病入膏肓了，随时都可能撒手人寰，所以只好停止回信。唯独一封信例外，看起来，他对这位来信者有着特殊的兴趣。那位来信者是普鲁斯特吐露自己糟糕身体状况的唯一对象，也是唯一一个他坚持回信的对象。只要谈到自己的身体状况，普鲁斯特总是表现得很厌烦。他既不喜欢抱怨，也不喜欢被同情，对任何人都是这样。当他稍微好点儿时，他愿意说出来，大家都为此而高兴。这时，他却惊叫道，他只是稍微好点儿，并不是痊愈，不要白高兴一场，这是个误会……

他多次在死亡边缘徘徊，他不再进食，也不再起床。他的手指会止不住地颤抖，连笔都握不住，只能口授让他人记录了。他会头晕，会像个陀螺一样不停地旋转；他开始幻听，总觉得有一个穿着黑色衣服的壮硕女人纠缠他；他弄丢了拖鞋；他觉得有火在四处蔓延……他开始记不清给谁寄过书，没有给谁寄过书。门房的女儿每天都拿着几十封晚餐邀请函找他。每当他醒了，他就点燃烟熏香粉，摇铃要杯咖啡。这时，塞莱斯特就把邀请信放在门口的旅行箱上，他也不再回复这些邀请信了。

获得龚古尔文学奖几天后，普鲁斯特让塞莱斯特和他的姐姐玛丽·吉耐斯特沿着阿姆兰街道一路看看书店。不过显然，这两个女孩很难明白老客户的看法。一个愤怒的读者写信来告诉普鲁斯特，他想买这本书，不过书商回答说书店不再卖这本书了。普鲁斯特让奥迪隆·阿尔巴雷[1]把这个让人恼火的消息带给《新法兰西杂志》出版社的加斯东·伽利玛、雅克·里维埃尔、居斯塔夫·特龙什和安德烈·纪德[2]。但凡运气好点儿，他们其中一个就能收到消息，

---

1 女管家塞莱斯特的丈夫，普鲁斯特的司机。

2 安德烈·纪德（André Gide，1869—1951），伽利玛出版社的编辑，法国著名作家，同性恋权益保护代表。主要作品有小说《田园交响曲》《伪币制造者》等，散文诗集《人间食粮》等，他曾毙掉普鲁斯特的《在斯万家那边》。一九四七年，纪德获得诺贝尔文学奖。

并且能细致、妥善地处理好这件事情。奥迪隆刚回来，普鲁斯特就让他再去一趟斯多克出版社，告诉他们书店缺书了。这简直让人受不了。

雅克·波雷尔[1]来看望他了，并告诉普鲁斯特他母亲蕾雅娜想送一份礼物给他。普鲁斯特想要一张她打扮成萨冈亲王的照片，照片中，她穿着男士礼服、顶着礼帽、戴着单片眼镜，扣眼上别着一朵栀子花。在巴黎歌剧院，雅克·波雷尔的母亲可是歌舞剧中当之无愧的女主角，因此照片还必须有她的签名才行。除此以外，普鲁斯特还向他请求，在去史密斯家的路上能否注意一下里弗利大街上的玻璃橱窗。如果他的作品还没有陈列出来，就进去询问一下：战后，龚古尔文学奖的作品是否已经出售？获奖作品的作者是一个叫马塞尔·普鲁斯特的人。

---

1 雅克·波雷尔，法国女明星蕾雅娜的儿子。在搬迁到阿姆兰大街四十四号之前，普鲁斯特曾被房东从奥斯曼大道赶了出来，他凄凄惶惶地四处搬迁。随后，在洛朗 - 皮沙街的雅克·波雷尔的母亲蕾雅娜家中住了几个月，接着才搬迁到阿姆兰大街四十四号。蕾雅娜是普鲁斯特十分欣赏的女演员。

有一条流言，说他在里兹酒店花了五千法郎请评委们吃饭作为答谢[1]。

但真相却是，他偶然在家中发现了十二瓶皇家骑士，连他都不知道自己还珍藏了这些美酒。他还送给塞莱斯特一顶装饰着极乐鸟的帽子，这是她应得的。他坐在床上，伏在散乱的被子上，开始在一个信封上写着一首拙劣而蹩脚的诗[2]：

高贵、灵巧、纤细，

时而慵懒，时而活泼。

迷倒皇孙王侯和土匪强盗，

向马塞尔掷来尖酸刻薄的话，

---

1 八百七十封“极为亲切”的贺信从世界各地如雪片般飞来。如何回信呢？他实在无法表达满心的感激之情。他把为使他获得龚古尔文学奖出过力的人，或者给他颁奖的人请到里兹酒店，用丰盛的筵席来表达说不尽的感谢。除了作家、评奖委员、评论家以外，他还像过去在他家里一样，请了几位社交界的著名人士……他那说发作就发作的疾病使他终日惴惴不安，大有今日不知明日事之感，因此他总是最后一刻才通知客人。（摘自：[法]莱昂·皮埃尔-甘.普鲁斯特传.蒋一民译.重庆：重庆大学出版社，2011）

2 这首诗是写给他的女管家塞莱斯特的。

而她报以蜂蜜、报以香醋，

风趣、敏锐、正直……

普鲁斯特的笔掉落在了地上，他绝望地闭上眼睛。我还有那么多工作要做，塞莱斯特，可我还有时间吗？

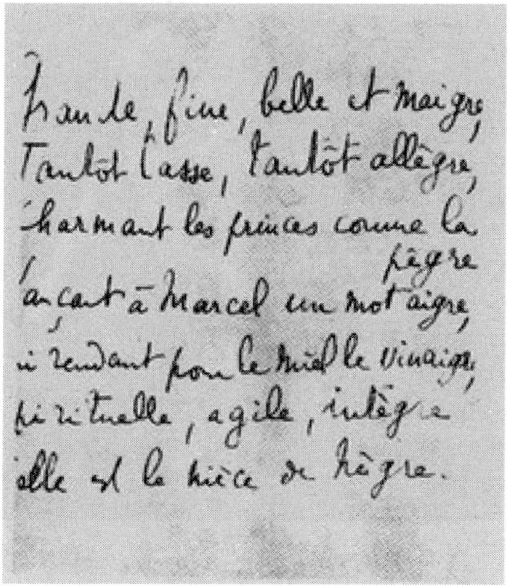

Grande, fine, belle et maigre,
Tantôt lasse, tantôt allègre,
Charmant les princes comme la pègre,
Lançant à Marcel un mot aigre,
Lui rendant pour le miel le vinaigre,
Spirituelle, agile, intègre,
Elle est la nièce de Nègre.

普鲁斯特写给塞莱斯特的打油诗。

塞莱斯特·阿尔巴雷，普鲁斯特忠实的女佣人，身兼秘书、信使、管家、护士和厨师，服侍普鲁斯特直至去世。

第二章

普鲁斯特还住在奥斯曼大道一〇二号大楼时，他的姨妈艾米莉·韦伊没有提前告知普鲁斯特她已经出售了这栋大楼[1]。新买主们心急火燎地重建大楼，在院内安置了一个玻璃天棚，重修了室内的楼梯。噪声和灰尘无孔不入、无处不在，如同炼狱一般，简直无法住人，普鲁斯特只好暂时搬了出来。他曾向莱昂内尔·郝叟推心置腹地说，搬家是个明智的选择。

---

1 一九〇六年十二月二十六日，普鲁斯特搬进了位于奥斯曼大道一〇二号、曾经属于他叔祖路易·韦伊的公寓。叔祖去世时，普鲁斯特继承了大楼的四分之一，但不幸的是他任由姨妈买下了属于自己的全部房产。这意味着他最终仅成为没有任何权利的租客，从而导致了他在不知情的情况下被迫搬出了这栋公寓。

在奥斯曼大道上的那所宽敞的公寓里，还堆放着他的一堆笨重、无用而又丑陋的家具，散发着历史的陈旧感[1]。这些都是他父母遗留下来的，他不知道该拿它们怎么办。几个月前，他说过要卖了这堆家具，他曾跟他父母的朋友热奈维埃芙·斯特劳斯夫人[2]提起过他们家的地毯，那块巨大而精美的士麦拿[3]地毯曾是波斯国王于一八六九年赠送给阿德里安·普鲁斯特[4]教授的。普鲁斯特还有一堆不要了的挂式的分支吊灯、青铜制品和餐具，这些都可以交给德鲁

1 原文为“datant de Mathusalem”即“可追溯至玛土撒拉”。玛土撒拉，《圣经·创世记》中的人物，活了九百六十九岁。他的长寿使其名字成为不少古老东西的代名词。

2 热奈维埃芙·斯特劳斯夫人（Mme Geneviève Straus，1849—1926），作曲家的女儿，二十岁时嫁给了《卡门》的作曲者乔治·比才，二十六岁时丈夫去世守寡。十年后，她嫁给了富裕的律师埃米尔·斯特劳斯。该律师为富可敌国的罗斯柴尔德家族服务，因此颇为富裕。普鲁斯特十五岁时，他的中学同学雅克·比才把他带回家并向他介绍了自己的母亲。那时，斯特劳斯夫人已经四十三岁。从此，普鲁斯特成为斯特劳斯夫人沙龙里忠诚的小侍从，总是坐在夫人身边一只硕大的长毛绒软垫上。第三共和国的一些达官显贵来拜望女主人时，总会注意到这个年轻的宠儿。普鲁斯特尊敬地、象征性地向夫人求爱、献花、写信，大加歌颂，扮演年轻的侍从，每天服侍着贵妇人。正是在斯特劳斯夫人的沙龙里，普鲁斯特遇到了夏尔·阿斯，即斯万的原型。

3 士麦拿，土耳其第三大城市伊兹密尔的旧称。

4 阿德里安·普鲁斯特，马塞尔·普鲁斯特的父亲，医学院教授。

奥拍卖行[1]。此外，莱昂内尔有一个私交莱尔－杜布雷耶先生是做拍卖估价的，莱昂内尔替普鲁斯特给其打了通电话，问他对于那些软木板有什么看法。拍卖估价师认为它们还是值点钱的，只需要把它们进行脱胶处理，然后存放起来，比如放在车库里，再转卖给木塞商人[2]就可以了。撤离了家具的奥斯曼大道的公寓空空如也，那儿没有人叫普鲁斯特了，那儿再也不会有妈妈的身影了。

从奥斯曼大道搬出来后，他暂时借宿在里兹酒店。那儿嘈杂不堪，处处充斥着电话铃声、浴室淋浴声、马桶抽水声。雅克·波雷尔推荐了他母亲蕾雅娜私人公馆三楼的一间公寓。私人公馆在洛朗－皮沙大街八号，靠近福煦大街[3]，离布洛涅森林也不远，因而容易患上花粉症。蕾雅娜住在一楼，雅克·波雷尔与他的娇妻以及嗷嗷待哺的婴儿

---

1 德鲁奥拍卖行，位于法国巴黎，成立于一八五二年，是法国最大、最重要的拍卖行之一。它是以拍卖油画、家具和艺术品为主的拍卖市场。

2 木塞商人，指购买木料加工制作成酒瓶木塞的商人。

3 福煦大街位于巴黎十六区，从凯旋门所在的戴高乐广场向南延伸到布洛涅森林公园边缘的太子门。最初称为“布洛涅森林大街”，是巴黎最宽的大街，一九二九年以费迪南·福煦元帅的名字重新命名。

住在二楼，三楼本来是留给蕾雅娜女儿热尔梅娜的，不过彼时她人在美洲，因而也就空下来了。房间配有家具，不过实在太难看了。这里和里兹酒店一样嘈杂，房租一样贵，但好歹这也能算是在飘零生涯中短暂的容身之所。房间的隔板很薄，完全挡不住邻居云雨时的缠绵之声。这让普鲁斯特很是嫉妒。他第一次觉得，行男女之事也可以是一桩罪行。不过，他回想之后却只能坦言，若说那真是一桩罪行，他宁可犯下滔天大罪。无良宵可度的人生，哪里还有什么滋味呢？

一九一九年十月一日，普鲁斯特决定将住处定在阿姆兰大街，此处位于吉美博物馆[1]与特罗卡德罗广场[2]之间，塞纳河之畔。这座公寓是维克多·雨果广场[3]的一个房产中介在八月介绍给普鲁斯特的，公寓业主是一位叫波雷特的

---

1 吉美博物馆是由里昂工业家爱米尔·吉美（Emile Guimet）于一八八九年正式建立的，位于巴黎十六区，主要展现埃及、古罗马、希腊、中国和其他亚洲国家的宗教和文化的博物馆。

2 特罗卡德罗广场，位于埃菲尔铁塔附近。

3 维克多·雨果广场，位于巴黎十六区富人区的中心位置，毗邻墨西哥广场。

夫人。随后，塞莱斯特便动身来到公寓实地考察了一下情况。他们的房间在三楼，公寓有部电梯，通常从半楼[1]直通三楼。

“有四楼吗？”塞莱斯特问。

“哎，是的，有的。”

“不可以把四楼租出去，这样没有住户的话会很安静，而且普鲁斯特先生可以在那里存放多余的家具。”那时，那些陈旧的家具正堆放在一个美国商人的地下室中。塞莱斯特并不知道个中缘由，就向波雷特夫人提出了一些基本的需求。

波雷特夫人并不能保证，不过，她好像也不是很在乎。

那时，通向四楼的楼梯已经被一个叫贝利的房客占用了，她是阿里斯蒂德·白里安[2]的清洁女工。塞莱斯特想，不能让四楼租出去，反正通向四楼的楼梯被她堵住了。塞莱斯特彬彬有礼地请求她避免弄出很大的噪声，因为病情

---

1 半楼，指底层到二楼之间的楼层。

2 阿里斯蒂德·白里安（Aristide Briand，1862—1932），法国政治家、外交家，法国社会党创始人。十一次出任总理，以对德和解获得诺贝尔和平奖，以非战公约和倡议建立欧洲合众国而闻名于世。

严重的普鲁斯特即将搬进三楼。他害怕寒冷，行动困难，失眠，痴迷于汤壶、止鼾喷雾以及用于烟熏疗法的勒格拉牌香粉。他身体不好时，也会坚持去里兹酒店的沙龙，但次数越来越少了。不过，后来塞莱斯特并没有跟贝利说过这些，只是给了她小费来收买她。

阿姆兰大街上有不少当地名流，一位亲王夫人、五位侯爵、六位伯爵夫人和一位男爵。人们不禁好奇，还有哪些王侯贵族、社会名流住在这条大街上呢？

他们公寓的一楼是一间面包店，傅维拉先生是面包师，也是一些大楼的业主。他的故乡是多姆山省[1]一个叫蒙塔尼翁的村庄，那里离塞莱斯特的故乡洛泽尔省[2]不远，因而他们也能算半个老乡。对于傅维拉，人们只知道他在塞纳-马恩省[3]有一个城堡。换句话说，这个面包师其实腰缠万贯。塞莱斯特总在他家打电话，他的面包店通宵经营。每天清晨，塞莱斯特推门进店，惹得门后的迎客铃铛叮叮当

1 多姆山省，位于法国中部的一个大区。

2 洛泽尔省，朗格多克-鲁西永大区所辖省份，位于法国东南部。

3 塞纳-马恩省，法兰西岛大区所辖省份，位于巴黎盆地中部。该区域以巴黎为中心，因此俗称大巴黎地区。

当作响。她旁若无人地走进餐厅，如同在自己家中一般。她会买两个热羊角面包上楼，普鲁斯特偶尔会全部吃掉，偶尔只要一个，但偶尔也会一个都不要。人们很难去弄懂普鲁斯特在想什么，所以也千万别想去为他制订什么专门的计划，因为肯定会有变数。

他的寓所共有五间房间、一间厨房和一间浴室。他仍旧没有下定决心如莱昂内尔・郝叟建议的那般尽快出售那些家具，那些家具如今都堆积在餐厅、卧室配间和客厅里。不过，这些房间除了充当仓库以外，也没有别的用处了。

阳光照射进屋内，地板上一些光滑的角落反射出水晶般的光亮。墙壁上挂着几幅画。一幅是一位公主的肖像画。一幅是阿德里安・普鲁斯特教授的肖像画，这幅画是由让・勒孔特・迪・努伊[1]于一八八五年左右所绘，是一幅文艺复兴时期风格的作品。画面中，阿德里安・普鲁斯特教授手中握着笔，正专心致志地撰写一篇可能是关于民众健康的论文。一盏沙漏摆在他的右边，沙砾的流逝，仿佛也带走了

1 让・勒孔特・迪・努伊（Jean Lecomte du Nouy，1842—1923），法国画家，代表作《白奴》。

那个时代的浮华，但同时又提醒着医生自己与死神抗争的神圣职责。另一幅画是匿名者所绘的让娜·普鲁斯特[1]的肖像，她面容姣好，目光深沉。此外，还有一幅普鲁斯特年轻时候的画像。那时，他才二十一岁，脸上残留着青春的光芒，但穿着和打扮稍显老成。这幅画是由雅克－埃米尔·布朗什[2]所绘，普鲁斯特很喜欢它，觉得很漂亮，是最能展现他风姿的作品。不过，他也好久不曾欣赏过这幅画作了，画中的时代已经不复存在，只在他的作品中片刻重现。

一个黑色书架摆在他卧室的配间里，上边摆放着普鲁斯特夫人所珍藏的塞维涅夫人[3]的作品。约翰·拉斯金[4]亲自翻译了这些作品，并作了序，圣西蒙[5]则将这些作品做成

---

1 让娜·普鲁斯特，普鲁斯特的母亲。

2 雅克-埃米尔·布朗什（Jacques-Emile Blanche，1861—1942），法国画家、作家、艺术批评家。一九二八年七月二十一日在《周刊》上发表《回忆马塞尔·普鲁斯特》。

3 塞维涅夫人（Madame de Sévigné，1626—1696），原名玛丽·德·拉比坦-尚塞尔，法国书信作家，代表作《书简集》。

4 约翰·拉斯金（John Ruskin，1819—1900），英国作家、艺术家、艺术评论家、哲学家、教师。他因《现代画家》（*Modern Painters*）一书而成名。

5 圣西蒙（Saint-Simon，1675—1755），即圣西蒙公爵，法国政治家、作家。

由雅克－埃米尔·布朗什所绘的普鲁斯特，彼时的普鲁斯特才二十一岁。

了精装书，并以普鲁斯特夫人的首字母 MP[1] 命名。

他的房间有两道门：一道是双扇门，通常用作客人出入；另一道更加私密一些，靠近床，可以通向浴室。房间里有张床，床的支柱是镀了铜的，在烟熏火燎之下早已被染黑了。此外，还有一个或为访客或为塞莱斯特准备的大扶手椅，三张竹制的小桌子（他称为“小型护卫舰”，可能是因为这些桌子不太稳当），上边放着他的笔记本、烟熏疗法所需的材料（止哮喘的勒格拉香粉和用来点燃香粉的纸盒）、依云牌矿泉水、写作用品（笔、墨水）、一叠手帕，以及其他一堆散乱堆放的物品，诸如药片、最近收到或是留存已久的信件、杂志、新闻报纸、几副眼镜、怀表和止鼾喷雾。如果他不小心弄掉了什么东西在地上，比如说他的笔杆，他就会摇铃叫塞莱斯特捡起来。床头有一盏灯，灯罩是绿色的，还有三个梨状的电器，其中两个就是用来摇铃的。床边是个壁炉，壁炉沿上放着几本书和写有手稿的漆布封面笔记本。墙壁上的那扇窗永远是紧闭的，覆盖

1 普鲁斯特夫人（Mme Proust）的首字母为 MP。

着蓝色绸缎大窗帘。这个房间，第一眼看上去就知道是典型的马塞尔·普鲁斯特式房间。

塞莱斯特和奥迪隆·阿尔巴雷的房间在进门后的右手边，门口放着一个旅行箱，上面堆着一叠信件。其中，一些本该是奥迪隆收到之后就立即带给普鲁斯特的，但如今都混杂在门房的小女儿每天拿上来的信件和塞莱斯特没有给普鲁斯特过目的信件之中，寂寂地，无人问津。

一盏烛台总是在走廊上孤独地亮着。一旦普鲁斯特早晨因为烟熏疗法需要烛台了，塞莱斯特就拿到他的房间来，如同每日晚间例行的祷告阅读的圣书一般。塞莱斯特通常按箱买蜡烛，一次就是五千克。

总之，对于普鲁斯特而言，无论是阿姆兰大街上的房子还是奥斯曼大道上的房子，它们都毫无区别。只不过，普鲁斯特将会在此处沉睡得越来越久，直到长眠。

是谁说过的，爱情需要付出巨大的代价？

普鲁斯特生前最后居住的房间。

那些日子，和年轻的亨利·罗沙[1]超越了理性友谊的情感常常使普鲁斯特郁郁寡欢。普鲁斯特是在里兹酒店遇到他的。那时，罗沙还是酒店里的服务生，住在一个朋友家里，离普鲁斯特所在的公寓不远。他说他想成为一名画家。

普鲁斯特不再喜欢他了，但仍没有狠下心来打发罗沙离开。倒是塞莱斯特很厌恶他，或许她只是单纯的嫉妒，或许她也认为他们之间的交往对普鲁斯特没有任何好处。不，应该说对他们任何一方都没有好处。这终将是一段两败俱伤的关系，普鲁斯特恍若陷入了情感的圈套一般，没有任何出路。这让他痛苦不已、疲惫不堪，同时，他又不得不为对方耗费财力。普鲁斯特喜欢跟他一起玩纸牌游戏，而亨利·罗沙却更喜欢玩弄女人，时不时地就让女人

1 一九一八年夏季，战事临近结束，普鲁斯特迷恋上了里兹酒店的一个服务生，即此处的亨利·罗沙。这个相貌英俊的瑞士小伙子想成为一名画家。自从见到罗沙后，普鲁斯特每次到里兹酒店用餐时，都坚持让罗沙接待他。他还慷慨地赠送给罗沙礼物，特别是昂贵的衣服。然而，第二年，厌倦了罗沙的普鲁斯特迫不及待地为他找到了一份在瑞士的工作。但很快，罗沙辞掉工作回到了普鲁斯特的身边。一九二一年五月，普鲁斯特再次为他找了一份远在布宜诺斯艾利斯的工作。

到他房中过夜。在阿卡西亚大街上，他介绍那个女人是他的未婚妻，但其实他们不过是露水情缘。那时，他还是普鲁斯特的秘书。他字写得很好看，不过却是错字连篇。其实，塞莱斯特知道，普鲁斯特心里一直很清醒，这个人什么也不懂，他也不想再帮助这个让他厌倦的年轻人了。起初，普鲁斯特尝试口授让罗沙来记录，不过他需要事无巨细地解释每字每句，因而不久他就放弃了。他希望罗沙可以离开这所公寓，这个如同寄生虫一般的食客整日大门不出、二门不迈，总说自己在画画。这让普鲁斯特很是恼火。普鲁斯特每每接待客人时，罗沙总是毫无征兆地突然出现在众人面前，穿着印有吊钟海棠的鲜艳睡衣，开始旁若无人地说胡话、瞎抱怨，诸如买了一件衣服花了他三千法郎之类的琐碎破事。但事实上，三千法郎花的是普鲁斯特的，他替罗沙背负着逐日沉重的债务。

一九一九年，普鲁斯特为亨利·罗沙办好了护照，替他在瑞士找到了一份工作。这天，他送罗沙去里昂火车站，顺便看看火车站是否在卖他的书，结果一本也没有。罗沙在瑞士并没有待太久，很快又回到了普鲁斯特的身边。回来之后，罗沙简直变本加厉，毫无愧疚地继续挥霍普鲁斯特的钱。普鲁斯特开始考虑是否应当给他重新找份工作，比如去银行。他对记账还是很在行的，比做大作家的秘书要好得多。普鲁斯特劳烦在巴黎银行和荷兰银行工作的朋友奥拉斯·菲纳利帮个忙。看在普鲁斯特的面子上，菲纳利连面试都没有，便让罗沙去顶替在纽约或者布宜诺斯艾利斯的职位空缺。亨利·罗沙将要远走天涯了，但彼此天各一方对双方都有好处。临行那天，阿卡西亚大街上洒下了罗沙的一行行清泪。普鲁斯特只能用刺绣手帕去擦拭那一道道抹不去的泪痕。

同在奥斯曼大道和洛朗－皮沙大街时的情形一样，他们居住在阿姆兰大街时，除非普鲁斯特在下午或者傍晚摇铃请塞莱斯特进去，否则她是不会贸然进入他的房间的。塞莱斯特知道，普鲁斯特最需要的便是安静。此外，还不能有香水味，否则会引起他的不适。塞莱斯特时常准备着特浓咖啡，这是唯一一道普鲁斯特准许她做的饮食，也是他再三要求她做的，其他一切菜肴均交给里兹酒店去准备。

偶尔有客人造访时，他也会让奥迪隆在饭点时去一趟里兹酒店的厨房，去找奥利维埃·达布斯迦[1]取一只烤鸡。

普鲁斯特会在两个特定的时间饮用特浓咖啡，只要他摇两声铃，塞莱斯特就明白她要端进去咖啡、牛奶和一个羊角面包了。只要普鲁斯特不主动开口讲话，塞莱斯特就绝不作声。塞莱斯特要将羊角面包放在银质托盘上的一个特定的盘子里，这个盘子与普鲁斯特的其他器皿都是配套的。这些小咖啡壶、边缘镀金的大碗、糖罐和带盖儿的牛奶罐不仅都是银制的，而且还刻着他名字的首字母。如果铃声再次响起，她就再拿进去一个羊角面包。很多时候，他只会吃一个羊角面包，只喝一点儿牛奶咖啡和里兹酒店里的冰镇啤酒。

咖啡只买科尔塞勒[2]生产的，可以在莱维大街上的咖啡加工商店里买到。除了咖啡，塞莱斯特还让她姐姐玛丽·吉耐斯特在这个商店购买了专门的咖啡过滤器、托盘、咖啡壶、碗和牛奶罐。在每天下午铃声响起之前，塞莱斯

1 奥利维埃·达布斯迦（Olivier Dabescat），里兹酒店的老板。
2 科尔塞勒，位于瑞士沃州。

特就已经准备好了咖啡。她仔细地将磨碎的咖啡倒在咖啡过滤器中，然后几乎是一滴一滴地加水，随后再放在双层的蒸锅里，最后精确地在银制小咖啡壶中倒入刚好两杯的量。普鲁斯特喝咖啡的时间一般都很固定，但也有很随意的时候，比如凌晨一两点，他会醒来，然后要一杯咖啡。这时，塞莱斯特也需要留心提前准备。某些清晨，普鲁斯特会延长烟熏疗法的时间。如果咖啡准备得太早，塞莱斯特就得重新去做。

每个清晨，乳品商店都会派人送来新鲜的牛奶放在门前的台阶上。中午时，乳品商店还会派人来确认是否收到了牛奶，不然就会再送来一瓶。一般来说，跟普鲁斯特相关的事情都是如此仔细。

摇铃之前，普鲁斯特一般会进行烟熏疗法。他在一个碟子里倒入一两撮儿勒格拉牌的深灰色香粉（塞莱斯特备好了好几条香粉，每条十盒，都是在勒克莱尔药店里购买的），接着在烛台上点燃一小张白色方形的纸张，再用燃着的纸张焚烧香粉。纸张通常都是信纸，信纸没有了就用春大百货商店[1]里买的纸。蜡烛通宵达旦地亮着，一直到他醒来。因为火柴上有硫黄，所以一切焚烧都不能使用火柴，点燃蜡烛也只能在厨房进行。

做完烟熏疗法、喝完牛奶咖啡后，普鲁斯特会独自来到浴室。他每天都要换二十多条毛巾，不用的就丢在地上。只要毛巾稍微沾湿一点儿，他就会舍弃或扔掉。普鲁斯特沐浴时，塞莱斯特就会替他更换床单。每天如此，因为床单上总会残留汗味儿。

洗完澡，普鲁斯特就回到床上，坐上坐垫，摇铃叫塞莱斯特拿止鼾喷雾。他还会要两个汤壶（滚烫的汤壶被塞莱斯特裹上布巾），一个放在腿上，一个放在胯边。此外，塞莱斯特还会拿给他新的睡衣、羊毛裤、羊毛衫。接下来，普鲁斯特便开始阅读收到的信件、报纸和杂志。需要回信时，他因为手抖得厉害，写出来的字迹模糊难辨，因而口授让塞莱斯特或者奥迪隆的侄女伊冯娜·阿尔巴雷，或者可爱的罗泽瑞娜来写信。做完这些，普鲁

1 春天百货商店（le Printemps），位于巴黎中心，创立于一八六五年，是一家专营奢侈品牌产品的百货公司。

斯特就投身于工作之中，他的工作便是拿出《新法兰西杂志》出版社寄给他的印刷文本校样，以及反复增删、修改过后的手稿校稿。有时当他疲倦不堪时，塞莱斯特或者伊冯娜会来帮助他。虽然伊冯娜很难跟上普鲁斯特的脚步，但起码她还是个很不错的打字员。当她手忙脚乱、不知所措时，她就像个产妇一样扯着嗓子尖叫，普鲁斯特因而叫她“呻吟者”。

通常，塞莱斯特直到清晨才会上床休息，在普鲁斯特服用巴比妥[1]之前，她是不能睡觉的。偶尔，普鲁斯特会服用过量巴比妥，随后的两三天，他都陷入沉睡之中。就这样，塞莱斯特、奥迪隆乃至于玛丽·吉耐斯特和伊冯娜·阿尔巴雷因为普鲁斯特都过上了作息紊乱无章的生活。伊冯娜说塞莱斯特就像是《重现的时光》[2]里弗朗索瓦丝[3]的女儿：“她总是有话要说。我重重地关上门，她还在唠唠叨叨，唠唠叨叨。”

---

1 巴比妥，长效类催眠药，具有镇静、催眠、抗惊厥和抗癫痫的作用。

2《重现的时光》,《追忆似水年华》第七部。

3 弗朗索瓦丝,《追忆似水年华》中的人物。

将近午夜，他接待了来访的客人。他的客人包括里维埃尔、莫朗、莫里亚克[1]、让·科克托[2]、比贝斯科、英国文人西德尼·希夫、文艺批评家沃杜瓦耶。他的客人中很难见到女性的倩影，不是他不喜欢女性客人，而是担心她们

1 弗朗索瓦·莫里亚克（François Mauriac，1885—1970），法国小说家，主要作品有诗集《握手》、小说《爱的荒漠》。一九五二年获得诺贝尔文学奖。

2 让·科克托（Jean Cocteau，1889—1963），也译为让·考克托、让·谷克多。法国幻觉派艺术家、诗人、小说家、戏剧家、画家、艺术师，法兰西学院文学院士、电影导演。他才华横溢，几乎涉及了那个时代所有的现代艺术。一九〇七年，科克托结识了吕西安·都德，后者将科克托视为普鲁斯特最天然的继承人。后来不久，科克托又遇到了哈恩，自然过渡到普鲁斯特的圈子。此时的普鲁斯特已经开始躲在软木镶嵌的房子里，但是普鲁斯特对科克托很是迷恋。他在一封信中写道："你喜欢用令人眼花缭乱的象征表现最高级别的真实，象征包含了一切。"普鲁斯特还准确地意识到是什么在推动科克托前进，明确地说，科克托一直在追逐杰出的人物，去打动他们，或者被他们打动，因为他需要通过一种外部结构和意义来证明自己的存在。他们之间的个人交往，完全按照普鲁斯特的喜好仪式化了，比如必须在高档的里兹饭店聚餐，必须在晚上约会，必须要用韵文写信等。他们还有一些共同的嗜好，比如恶作剧式的幽默，喜欢嘲弄自己羡慕的人物。简明扼要地说，科克托开始自然而然地、公开地模仿普鲁斯特。不过，在小说中，普鲁斯特描写的奥克塔夫是一个聪明绝顶、不择手段、沽名钓誉、一心向上爬的年轻人，一个懒惰、粗鄙的花花公子，含沙射影地暗指科克托。尽管普鲁斯特在小说的结尾借助叙述者之口透露，奥克塔夫后来成为一个伟大的作家："他的作品给当代艺术带来的革命性影响，绝不亚于俄罗斯芭蕾舞团。"但科克托还是一直对此耿耿于怀。尽管普鲁斯特一再强调书里的人物都是虚构的，不存在绝对的原型人物，但在科克托眼里，普鲁斯特为了创造小说的价值，不惜出卖与他关系密切之人的真诚和友谊，泄露朋友的隐私，所有的人物原型都可以轻松地在小说中辨认出自己。

让·科克托，摄于一九〇九年。

会用纤纤玉指摆弄花瓶里的花朵，偶尔还会不小心摔碎花瓶，将浓烈的香味散布在整个房间。普鲁斯特是闻不了这种味道的，他的哮喘会剧烈发作。当不得不接待女客时，普鲁斯特一般会戴上白色手套。

一次，两位尊贵的女客想要看望普鲁斯特：一位是玛尔特·比贝斯科亲王的夫人，其也是普鲁斯特的两个朋友艾曼纽和安托万的日耳曼表亲；另一位是安托万亲王的夫人伊丽莎白。她们俩看完戏剧之后打算在这里过夜。她们叫塞莱斯特去征询普鲁斯特的意见，塞莱斯特回来后说："很抱歉，夫人们，先生不见客，他也很遗憾。"他的理由仍旧是她们浑身的香味，他总不能用夹子夹住自己的鼻子吧？这个理由富有诗情画意而又合乎情理，但真正羞于出口的理由却是：他不想以卧床的可怜姿态来迎接两位尊贵的客人。

他邀请朋友来做客时会要求他们"不要带夫人前来"。朋友们围着一张小桌子一起吃个便饭，菜单是奥迪隆从里兹酒店拿过来的，有螯虾、龙虾、烤鸡、豌豆和巧克力蛋糕。当然，这些食物都是他不吃的。很早的时候，在马尔泽尔布大道九号的父母家里进行盛大的晚宴时，他便会摆出一副东道主的姿态，走到每一位宾客的身边交谈一番，让每位宾客都觉得这场接待似乎就是为他们而准备的。莫里亚克对这种场景有些反感，他说普鲁斯特是个“阴郁的家伙”，长着一副“蜡黄色的面容”，把“被子当外套”。后来，普鲁斯特的访客越来越少，大家对他那肿胀而死灰的倦容感到震惊。在那云雾缥缈的房间里，他一动不动地坐着，闭着的双目下是重重的黑眼圈。他沉默着，仿佛在勉力呼吸。他浑身都是苍白的，苍白的睡衣，苍白的被单（他喜欢将被单不合时宜地裹在肩上或放在身下，然而，房间的扶手椅子上明明就放着他的厚羊毛衫），头顶那微弱的绿光衬托得他更加苍白。有人隐隐觉得他的面容上带着一丝希伯来人的味道，还有人注意到他面如死灰，仿佛已然是日后陈尸的模样了。

第三章

普鲁斯特说自己越来越疲惫，连塞莱斯特也看出来了。

一九二〇年二月，因为过于劳累，他甚至没有看出《盖尔芒特家那边》[1] 校样中的排版错误。不过，与其说他疲惫，不如说他对这些错误毫不关心：出版社里拿着薪水校对样稿的大有人在。《新法兰西杂志》出版社就已经安排了一位年轻人专门负责校对这类错误。至于他，他把所有的激情都倾注在对作品的增添、修补当中了。人们说那个年轻人

1《盖尔芒特家那边》，《追忆似水年华》第三部。

是个达达主义者[1]：加斯东·伽利玛出版社的这位编辑叫安德烈·布雷顿，他看稿子十分认真、细致。但即便是他做完校对之后，普鲁斯特仍旧能从中发现各种各样的错误：是柏格森，而不是贝戈特！索多姆上漏掉了长音符[2]！！“愤怒”拼错了！！！他像福楼拜那样指出稿件中的错误，他以为，福楼拜近年来依然是“文学界史无前例的”作家。

“先生，您说这可真是奇怪。”塞莱斯特说，“那天之后，我的姐姐玛丽在我跟前说：‘《盖尔芒特家那边》……’我立即纠正她说：‘不，玛丽，应该是《盖尔芒特那边》，而不是《盖尔芒特家那边》。’她说：‘可是，我们不是说《在斯万家那边》吗？’我不知道怎么回答她了。我不敢为这一丁点儿小事打扰您，但我还是想找个机会问问您……”

“您说得很有道理，塞莱斯特。”普鲁斯特说，“确实，塞莱斯特。不过，我有自己的理由：斯万和盖尔芒特两个

---

1 达达主义（dadaïste）艺术运动是一九一六年至一九二三年间出现的一种艺术流派。它倡导的是一种无政府主义的艺术运动，试图通过废除传统的文化和美学形式发现真正的现实。

2 索多姆的法语为 Sodôme，漏掉了字母上的符号。

词语并不是一个性质，斯万是某个人的姓氏，而盖尔芒特却是一个地名。我们去某人家能用这个介词[1]，但我们说去凡尔赛就不能用这个介词了。你看，我都成了索邦大师[2]了。塞莱斯特，是你促使我变成这样的。”

普鲁斯特让塞莱斯特给伽利玛先生打个电话，不过无人接听。他就让她接着打，不过伽利玛先生好像始终不在。《新法兰西杂志》出版社就像一位母亲，不过，她产奶的胸脯却不能始终只为一位作家哺乳。但普鲁斯特也会因此而指责她，这样，这位母亲就会向他传达爱意，而且是她几近所有的、专属的爱意。他之所以要打电话，正是要向加斯东·伽利玛、雅克·里维埃尔、让·波朗、安德烈·纪德抱怨仍旧存在的排版错误。这样，他们就会带着自己最精美的钢笔前去休整出版社里存在的种种陋习，这让普鲁斯特很是满足。相反地，若是有人拜托他付出一丁点儿辛劳时，他能制造出无数的借口回绝，这多少有些让人感到

1 这个介词是指法语中的chez，放在人名前指在某人家中，也可以放在地名前，指在某地。

2 原文为sorbonnicole，讽刺用词。

不快。

从某种程度上说，普鲁斯特是受这种信念所驱使的：在众多竞争的出版社之中，找到一家合适的出版社就相当于找到了一个可以遮风挡雨的庇护所，可以保证他的作品有一个可观的销量。同时，他也为这些出版社做了广告。

他收到伽利玛的一张便条，伽利玛说自己知道普鲁斯特写作的能力。此外，他还知道他在《高卢人报》《费加罗报》《时报》《辩论报》做的广告，甚至在《新法兰西杂志》上也做了广告。但既然普鲁斯特写的东西就在《新法兰西杂志》出版社出版，为什么还要用它来打广告？这就好像一个青少年给自己写情书，并写上捏造的签名。加斯东说，只要普鲁斯特完全不抱怨《新法兰西杂志》不写他，那么《新法兰西杂志》将不会再为他做广告，这件事就这么商定了。还有一件事儿，有人告诉普鲁斯特，很多作家得到的报酬比他多。这些作家有的还是三流作家，比如，这个皮埃尔·昂，在杂志最后一期才能看到这个名字，他却被介绍为“一个新左拉”。普鲁斯特可能也希望自己被介绍为一个“新左拉”？当然不是，但他倒是希望自己被介绍为一个新圣－西蒙或者一个新夏多布里昂[1]，这样不是很好吗？

加斯东·伽利玛先生为了澄清这一切，打算到阿姆兰大街来看望普鲁斯特。这可是出版社给予他最为体面的尊重。不过，普鲁斯特实在是病得太虚弱了，谁也不接待，就算是加斯东·伽利玛先生本人也不例外。

然而，恰恰就是在同一个月，他却邀请了弗朗索瓦·莫里亚克共进晚餐，还由亨利·罗沙作陪。那时，罗沙刚从瑞士回来，他不想工作，迟迟赖在家中不肯回到岗位上。不过，与其说是晚餐，倒不如说是消夜，他们是晚上十点在普鲁斯特的床头边吃的。信奉天主教的莫里亚克隔天就给普鲁斯特寄了一封热情洋溢的感谢信以感谢他的招待。不过，在他的日记中，他却写下了这些令人难堪的细节："不干不净的床单""充斥着家具的异味""一张犹太

1 弗朗索瓦－勒内·德·夏多布里昂（François-René de Chateaubriand，1768—1848），法国十八至十九世纪的作家、政治家、外交家，法兰西学院院士。

人特征的脸上布满十天没剃的胡楂儿”“靠祖传的破烂货赚钱”。普鲁斯特对他形容的这些细节反而很高兴，还觉得“祖传的”三个字太含糊，换成“阿基坦[1]人的祖先留下来的”会更加贴切。

五月四日，普鲁斯特前往歌剧院参加了俄罗斯芭蕾舞晚会。他一边欣赏，一边观察着周围的观众。他察觉到奥特南·德·霍松维勒伯爵正在一间包厢里，如今，他已然是个受人瞩目的老人了。正如在《重现的时光》里，有一位暮年公爵叫德·盖尔芒特。自从上次会面之后，他愈发苍老了，人们只能从他已然被时光腐蚀过的面容中依稀辨认出他。他被死亡的阴影森然笼罩着，仿佛是一块在暴风雨中被海浪无情冲刷着的岩石。

一天夜晚，他受邀去往洛朗－皮沙街的雅克·波雷尔家中做客。雅克·波雷尔还邀请了里卡尔多·维涅斯演奏德彪西[2]的曲目。坐在普鲁斯特身旁的是莱昂－保尔·法尔

---

1 阿基坦（Aquitaine），法国西南部历史区。

2 阿希尔－克劳德·德彪西（Achille-Claude Debussy，1862—1918），十九世纪末二十世纪初欧洲音乐界颇具影响的作曲家、革新家，同时也是近代“印象主义”音乐的鼻祖。

格[1]。法尔格太喜欢德彪西了，沉醉在音乐中睡了过去。他的头倚靠在普鲁斯特的肩上，因而普鲁斯特一动也没动，这让他很厌倦。直至七月十四日，他收到了蕾雅娜的死讯，才再一次来到了洛朗－皮沙街。

奥斯曼大道上的故居中，软木墙仍旧被普鲁斯特的愁绪笼罩着，他仍旧怀念房中的软木墙。装潢软木墙的建议是安娜·德·诺阿耶[2]向他提的。这次，他问她还有什么更好的建议，她向他推荐了象牙球。他也问了吉什公爵夫人同样的问题。她提出了另一个想法：用蘸了凡士林的棉花铺墙。不过，普鲁斯特当时的预算都拿去买止鼾喷雾了，因而放弃了这个主意。

九月三十日，有人在布鲁门撒尔交易所评委会议上看到了普鲁斯特的身影。那时，他已然患上了中耳炎，这可能是止鼾喷雾引起的。他曾叫来耳鼻喉科的维卡尔医生给

---

1 莱昂－保尔·法尔格（Léon-Paul Fargue，1876—1947），法国诗人。

2 安娜·德·诺阿耶（Anna de Noailles，1876—1933），法国作家、名媛。父亲是罗马尼亚亲王，母亲是希腊钢琴家，有大量诗集行世，是荣获法国三级荣誉勋位的第一个妇女，也是当选为比利时皇家学院的第一位女院士。她是普鲁斯特组织聚会的常客。

他看病。维卡尔医生给他诊断完，又说可以给他治好哮喘。由于这个原因，让普鲁斯特更加喜欢比泽医生一些，因为比泽医生不会自命不凡地说可以治好他的其他所有病。普鲁斯特很清楚，他的病是治不好的。之所以仍旧要请医生，无非是因为生理条件反射罢了。要么是因为听从了弟弟的要求，要么是为了取悦塞莱斯特，甚至也可以说，他是要以此来嘲讽那些自视过高的庸医罢了。

耳疾没能阻止普鲁斯特参加布鲁门撒尔会议。他之所以肯抱病前往，也完全是因为雅克·里维埃尔。那时，里维埃尔还是个备受称赞但流年不利的年轻作家，领导着整个《新法兰西杂志》出版社，十分推崇普鲁斯特。普鲁斯特迟到了将近半个小时，人们注视着他迈着蹒跚的步伐走了进来。参加会议的评委是要被画肖像的，不过幸而他并不知晓此事，否则那幅肖像肯定会让他愤怒地想要通过决斗来清洗名誉。小说家勒内·布瓦莱夫彼时坐在评委会的座席之中，他看到普鲁斯特在过道中走在穿着号衣的仆人身后。他说普鲁斯特“穿着大衣，显得耸肩缩颈的”“脸色发青，仿佛变质的野味”“长着一副手相师的外表”“他衣着破旧，假衣领上的喇叭口已经磨损了，脏得就像好多天没换过衣裳……”“领带已经老旧了，裤子起码穿了十年”“白色手套污痕遍布”“举止犹如一位六十岁，但风韵犹存的犹太老妇人”“那张脸仿佛经过融合再度膨胀，却无法恢复最初的模样而显得皱皱巴巴”“他是个仍旧年轻的老人、病人，杂糅了女性柔美的男人——是个奇怪的人”。会议上，普鲁斯特遇到了哲学家亨利·柏格森[1]，也是他的远房亲戚。柏格森仍旧遵循着布列塔尼的生活习俗。他们俩就失眠和催眠药欣然交谈了很久，仿佛两个见识颇深的行家。

除此以外，普鲁斯特便足不出户了。他停止食用一种苦涩的催眠药粉，转而继续服用巴比妥安眠药，但他很怕因此而影响记忆力。一天，他因为服用了过多的巴比妥和鸦片酊的混合药物而中毒，连一句完整的话都讲不出来。一连好几天，他与塞莱斯特都无法用语言沟通，只能通过纸条交谈，他的烦躁与苦闷几乎透纸而出。他邀请著

1 亨利·柏格森（Henri Bergson，1859—1941），法国哲学家，代表作品《创造进化论》《物质与记忆》。与普鲁斯特是亲戚，于一八九二年娶了普鲁斯特的表妹露易丝·纽伯格。一九二七年获得诺贝尔文学奖。

名的神经科医生罗塞夫·巴宾斯基前来诊断。医生让他尝试发几个音，但很艰难："君士坦丁堡的""炮兵部队的炮兵""杜鹃花的吹牛"以及"一八七一年妈妈在奥德伊[1]生下了我"[2]。不仅如此，他的哮喘也发作得越来越频繁。比泽医生给他注射了吗啡，这让他神志恍惚。

他的朋友吕西安·都德由于责怪普鲁斯特再也没有去探望他，说他成了个"专业文学写作人员"。普鲁斯特的名声大噪使两人之间越来越远。而另一个朋友雷纳尔多[3]，甚至可以用嫉妒来形容了。吕西安和雷纳尔多都觉得，比起成名之后，默默无闻的普鲁斯特更让他们欣赏。成名之前，普鲁斯特的病也没有这么严重。莱昂内尔·郝叟也有同样的怨言，他不止一次告诉普鲁斯特他从来不曾考虑过别人的感受。更可恶的是，莱昂内尔·郝叟常常向多个学识并不如他的人询问同样的问题，征求他们的意见，这让那些人很难堪，更加显得他们无知。此外，他那没完没了的抱

1 奥德伊，位于布洛尼林园与塞纳河之间。

2 练习发音的词组均为法语的长词汇、绕口令。

3 雷纳尔多·哈恩（Reynaldo Hahn，1874—1947），委内瑞拉裔作曲家。

怨，累积起来和他获得的成就几乎一样多。这很难想象，因为普鲁斯特所获得的成就即便称不上多么伟大，但起码也让他名扬四海，因而他的许多苦难与不幸仿佛都只是虚构中的，那么不切实际。最后，他总结道，他亲爱的小马塞尔·普鲁斯特仿佛是个被宠坏了的孩子："他总是容易与那些不肯容忍他淘气和任性的人赌气。"总而言之，他的朋友们形容普鲁斯特在自己的周围筑起了一座无形而冰冷的堡垒，却从未向他们降下信任的吊桥。

普鲁斯特紧闭双眸，躺在床上，坐在他床边的是亨利·德·雷尼埃[1]、保尔·莫朗和雅克·里维埃尔。他向他们道出了自己的打算：申请法兰西文学院院士，并问他们是如何考虑此事的。雅克·里维埃尔有些犹豫，他说这头衔不适合普鲁斯特："因为他们根本不理解您，众人皆沉睡，唯有您独醒。"

普鲁斯特想托奥迪隆送给巴雷斯[2]一张便条，希望巴雷

1 亨利·德·雷尼埃（Henri de Régnier，1864—1936），法国后期象征主义诗人。
2 莫里斯·巴雷斯（Maurice Barrès，1862—1923），法国小说家、散文家，代表作《自由人》。

普鲁斯特与罗伯特·德弗莱尔（后左）和吕西安·都德（后右）。都德把手搭在普鲁斯特的肩膀上，并以炙热的眼光凝视着他。从此，普鲁斯特的母亲发现了他的性取向异常。

斯前来探望他。奥迪隆可以开车将他带到阿姆兰大街，探访完后送回到讷伊[1]的家中。不过，时间已经是午夜了，让巴雷斯摸黑来访太强人所难了。普鲁斯特摇铃叫塞莱斯特拿来他的毛皮大衣、手套、拐杖和圆顶礼帽，这些都是他外出才穿的行头。他在讷伊下车，叫醒了巴雷斯。

“我还以为您危在旦夕了，我的朋友！”巴雷斯说。

普鲁斯特向他阐释了自己申请文学院院士的计划，还说阿尔芒·吉什公爵将会支持他。

“真的吗？吉什公爵将会支持您？”

“正如我告诉您的那样，他会支持我。”

“既然这样，尽管我仍旧怀疑这次申请是否成功，但我还是会支持您。”

巴雷斯的怀疑是有道理的，这次申请以失败告终。普鲁斯特转而选择申请法国军团荣誉勋章。他很走运，九月二十三日，他被提名，这件事将刊登在《费加罗报》上。

---

1 讷伊，全称“塞纳河畔讷伊”，巴黎市西郊市镇，位于布洛涅森林以北的塞纳河畔。

雷纳尔多·哈恩，普鲁斯特的情侣、密友。尽管他们的亲密关系只维持了两年，但友谊却绵延了一生。

普鲁斯特请求罗贝尔·德·弗莱尔[1]别把他的名字跟一些不三不四的人放在一起，要稍微分开、以示区别，最好与作家诺阿耶夫人以及科莱特[2]的名字放在一起。加斯东·伽利玛又一次提出他那怪诞的想法：举办一场荣誉的宴会。普鲁斯特再一次拒绝了他，理由与之前一样：这太荒唐了。

罗贝尔·普鲁斯特[3]给他送来了勋章，授奖没有举行任何仪式，因为普鲁斯特的病太严重了。趁着这个机会，罗贝尔·普鲁斯特在他兄长的床头吃了顿晚餐。

画作《孔多塞中学门口处》的作者让·贝劳德画了许多幅“美好年代”[4]的林荫大道。他画《孔多塞中学门口处》时，普鲁斯特还是那里的学生。他打算送自己的卡地亚装

---

1 罗贝尔·德·弗莱尔（Robert de Flers，1872—1927），法国剧作家、记者，普鲁斯特在孔多塞中学的同学。

2 西多妮-加布里埃尔·科莱特（Sidonie-Gabrielle Colette，1873—1954），法国国宝级作家，一九四五年全票当选龚古尔文学奖的评委。

3 罗贝尔·普鲁斯特，马塞尔·普鲁斯特的弟弟，医生。

4 美好年代（la Belle-Epoque），十九世纪中期至二十世纪初，欧洲社会史上的一段“黄金时期”。人民享受前所未有的安定、繁华，也热衷于创造一切美丽的事物。

马塞尔·普鲁斯特与母亲以及弟弟罗贝尔·普鲁斯特。

饰品给普鲁斯特，塞莱斯特让她姐姐玛丽去取——一个闪着钻石光芒的小十字架。卡地亚装饰品总是这些闪闪发光的东西。

身体状况允许的时候，普鲁斯特便努力增删、修补作品《女囚》[1]，想让在凡尔杜兰[2]家表演的凡德伊[3]四重奏的片段更加逼真一些，想让布莱四重奏里的中提琴手阿尔贝尔·马西斯这个人物更加丰满一些。一天夜晚，奥迪隆开着车载着普鲁斯特去往一流小提琴手加斯东·布莱[4]家。已经入眠的布莱醒来后穿着睡衣给普鲁斯特开门。他们彼此道歉，请求原谅，一个是因为如此深夜还来冒昧造访，另一个是因为穿着睡衣唐突待客。布莱微笑着说，他跟母鸡睡得一样早，公鸡啼鸣时，他便醒来。其实并不是这样，因为那时夜已深沉，而普鲁斯特却突然来访。他们约定了

1《女囚》(*La Prisonnière*),《追忆似水年华》第五卷。

2 凡尔杜兰,《追忆似水年华》中的人物。

3 凡德伊（Vinteuil),《追忆似水年华》中虚构的音乐家。

4 加斯东·布莱（Gaston Poulet，1892—1974)，小提琴家，一九一七年与德彪西在巴黎合作演奏小提琴奏鸣曲。

一个夜晚，邀请布莱的整个乐队来阿姆兰大街上单独为普鲁斯特演奏塞萨尔·弗兰克[1]的《D大调弦乐四重奏》。

音乐会将在家中的客厅举行。普鲁斯特让塞莱斯特务必准备好一切，例如那把她从小客厅拿过来的栗色天鹅绒长扶手椅，这样他便能舒服地躺在上面聆听。此外，加斯东·布莱建议一定要堵住壁炉，这样音效会更好。不过显然，这样做开销必然不菲。“但这很值得，塞莱斯特，你很清楚，为了我的作品，这很值得。”普鲁斯特说。

那天，准确地说是那晚。再准确一点儿，是那个午夜，奥迪隆开车去接马西斯、布莱、让蒂尔和大提琴手吕桑。他们在大约凌晨一点的时候到达，塞莱斯特已经将客厅布置好了。她拉上窗帘，关上大门，站在门口，随时回应普鲁斯特的召唤。普鲁斯特已然就座，他躺在栗色扶手椅上，闭上双眼。音乐家们开始协调而专注地演奏曲目。接近尾声时，普鲁斯特问他们是否愿意重新演奏一曲片段。演奏

---

1 塞萨尔·弗兰克（César Franck，1822—1890），法国著名作曲家，代表作品：《d小调交响曲》《A大调小提琴奏鸣曲》《D大调弦乐四重奏》等。

结束之后，他给了加斯东·布莱他们乐队出场费，这比之前商量好的价格要高一些，接着他又送他们各自回家。事实上，在他们回家之前，他还请他们去利普啤酒馆[1]吃了顿消夜。普鲁斯特一回到房间，就重新投入到有关凡德伊四重奏那段篇章的修改之中。

这场在阿姆兰凌晨两点演奏的演唱会，被普鲁斯特写进小说中，成为凡德伊先生创作的奏鸣曲。斯万对他的一曲二分音符奏鸣曲短乐章心醉神迷，他热爱着奥黛特·德·克雷西[2]却又得不到的痛苦全盛在那旋律里。在另一段奏鸣曲中，读者将能感受到小说的叙述者“我”对阿尔贝蒂娜[3]的热恋以及与凡德伊女儿的暧昧。最后一首演奏的曲子，巧妙地证明了艺术是真实存在的，为艺术献身也是值得的。无论是普鲁斯特、凡德伊，还是贝戈特、

---

1 利普啤酒馆（brasserie Lipp）是巴黎的正宗地标，在圣日耳曼 - 德普雷街区，接待过安德烈·纪德、安德烈·马尔罗、马塞尔·普鲁斯特、安东万·德·圣埃克叙佩里等人。

2 奥黛特·德·克雷西（Odette de Crécy），《追忆似水年华》中的人物，后成为斯万夫人。

3 阿尔贝蒂娜（Albertine），《追忆似水年华》中的人物。

埃尔斯蒂尔[1]，都为艺术奉献了自己的余生，而斯万却没有一点儿对艺术的献身精神。

“塞莱斯特，一个外国女人住进了我的脑海之中。”一九二〇年秋天，普鲁斯特相信他看到了死亡化作一个女人的模样出现在他的眼前。与他想象的刚好相反，她并不是一个漂亮的女人。在他的梦境之中，他沿着一条漆黑无光的林荫大道散步。突然间，他听到一个女人的声音，她正驾着一辆巨大的马车。在黑暗的笼罩中，他从她的声音中辨认出她应当有一张尽善尽美的脸庞和一个青春勃发的肉体。他向她走了过去，林荫大道上，路灯那昏暗的光线洒落在她的身上：那的确是一位妇女，不过她已经上了年纪，身材高大而强壮，大盖帽底下露出白花花的头发，脸上长满红色的斑点……

“但是，先生，您为何会以为死亡化作的女人应当会十分美丽呢？”

---

1 埃尔斯蒂尔（Elstir），《追忆似水年华》中的人物。

“是真的，塞莱斯特，不过我也不知道为什么。哦，请记下来——‘我说过贝戈特已足不出户，他在他的卧室起床一个小时后，浑身就得裹上披巾和花格毛毯，穿着人们在大冷天外出或者坐火车时穿的一切’……”[1]

“先生，请等一下……”塞莱斯特试图打断他。

“‘他慢慢感到越来越冷，就像一个小星宿预示着地球这个大星宿的景象：温暖逐渐离开地球，生命随即消逝。’为什么要写呢？为什么又要写呢，塞莱斯特？为什么要写作？书店的玻璃橱窗展示了我的书吗？大地难道不应该因为变得彻骨寒冷而受到谴责吗？正如今天的我裹在呢绒和皮衣里一般，贝戈特也是这样躲藏在衣物之中，寒冷无孔不入，正如死亡正一点一滴地渗入他的身体里，但一切感触都会彻底消失，不是吗？我们用写作来反抗死亡。是的，就像人们所说的那样，与时间赛跑，这是同一件事情，塞莱斯特。不与时间赛跑的征程是会迷失方向的，而文学爱好者是注定要与时间赛跑的。不过，像斯万

1 本书《追忆似水年华》原文均摘自：[法]普鲁斯特．追忆似水年华．李恒基，徐继曾等译．南京：译林出版社，1990。

这样的人不与任何事物赛跑。确切地说，他的生命中没有奔跑，因为他拥有自己所有的时间。对他来说，时间是不重要的。但作家需要死亡这个敌人，在这场注定败北的战斗中，作家仍旧需要抗争到底。这也就是为什么撰写着自己死亡篇章的作家会比死亡要更加崇高，这就是为什么作家一天天地越来越走进死亡的篇章里。这是真实的，同时也存在于想象之中，两者兼具。不过，人们当然不相信这个，他们认为我说得太过了。人们不就是这么想的吗，塞莱斯特？但我自己很清楚，我是认真的，这一切都不是杜撰出来的。”

“先生，是这样没错。但是，只有您活着，才能与死亡做斗争。先生，您需要治疗，您需要了解您的身体状况，您需要听医生的话……”

“也许吧，塞莱斯特。作家活着才能与死亡抗争，但即便是活着，他也总是徘徊在死亡的边缘。”

一个清晨，普鲁斯特弄错了巴比妥的剂量：他本该服用五十克巴比妥的。服用之后，他整整在四十八个小时里都没有摇铃叫塞莱斯特。那时，他刚刚完成了《盖尔芒特家那边（一）》的修改、校对工作。

一个批评家说他是个娘儿们。普鲁斯特威胁他，说要与他进行一场决斗，武器就是他生火的木头。“您将会见识一下，我到底是不是个娘儿们。”

《盖尔芒特家那边（一）》出版以后，普鲁斯特开始为《盖尔芒特家那边（二）》进行增删、修补，一场充满着煎熬的考验又摆在了他的面前。伽利玛已经有些不耐烦了，其实他也是，时间已经不够了。

他给榭维涅夫人[1]寄去了一本《盖尔芒特家那边（一）》的样书，不过，她不是很理解这本书对她来说有什么用。她与书是没有交集的，更何况里面还充斥着大量她很难读懂的篇章。她让住在安茹街上的邻居兼朋友让·科克托帮忙“找到所有写到我的段落”。普鲁斯特对科克托说，榭维涅夫人读书太少了，甚至都不读书。谢维涅夫人

1 榭维涅夫人（Mme de Chevigné），全称阿多姆·德·榭维涅伯爵夫人，住在巴黎安茹街，经常组织贵族沙龙。

听了，回道："法布尔写了一本关于昆虫的书，但他从来没有要求昆虫去读这本书。"普鲁斯特还年轻的时候非常仰慕这位夫人，当他在加布里埃尔大街上时，他却没鼓起勇气和她攀谈。在他眼中，她就是一只极乐鸟，但她的目光却只是在他身上短暂地停留，她告诉他："菲兹·詹姆斯还在等着我呢。"多年过去了，她不再是一只极乐鸟了，她更像是一只老喜鹊，只不过脾气跟以前一样傲慢而又暴躁。

第四章

一九二一年春天，普鲁斯特的哮喘又发作了。他需要服用吗啡、阿司匹林、肾上腺素、镇静催眠药、金雀花碱、二醛、鸦片，这是塞莱斯特记得的他所需要服用的药物。他还喜爱吃冰激凌，要么是草莓口味的，要么是覆盆子口味的，这花了他不少钱。此外，他还吃芦笋尖。

"先生，芦笋尖很贵。"

"很贵，塞莱斯特？"

"是的，不过我说的是我祖父的那个时代，阿韦龙省[1]的芦笋尖很贵。哦，不对，真是奇怪，是在洛泽尔省。”

“是的，这很奇怪，塞莱斯特。但我知道您说的是真的，简直贵得吓人，就跟在蒙梭公园[2]旁部门楼梯间里的人们说的那样。”

“哦，先生，您又在开玩笑了，从你的语气中就能听出你是在揶揄那些人。”

“塞莱斯特，我在想，我们两个人到底是谁开的玩笑更多。”

五月十三日，普鲁斯特让奥迪隆去接纪德来探望自己。纪德看到普鲁斯特，发觉他变化好大，病症让他更加虚弱，长时间卧床让他有些丰腴。即便房间里的暖气如此充足，他还是冷得打战。普鲁斯特的模样甚至让纪德开始怀疑他是不是真的重病缠身，或许那些病症都是他伪造出来的，不过是为了保护自己的作品。但是，有

---

1 阿韦龙省（Aveyron），法国南部比利牛斯大区所辖的省份。

2 蒙梭公园（parc Monceau），位于巴黎八区。

一点儿可以确认的是，这的确是个气若游丝的人了。他只能躺着接待客人，随后又不知道从哪里生出的气拿着手里的刀迅速地从鼻翼两侧刮过。这让纪德很震惊，他说他“动作笨拙，但动作之中又隐藏着疯狂，就像个狂野的动物或者发疯的人一样行事”。他们谈论了关于同性恋的问题，却没有在任何一点上达成共识，仿佛是两个听不到对方言论的聋子，各说各的。普鲁斯特坚持说波德莱尔就是个同性恋，证据是他十分迷恋女同性恋者。普鲁斯特试图用这一点说服纪德，但纪德却坚持自己的观点。他带来了未出版的《田园牧人》[1]，告诉他：“拿着吧，读读这本书，您就知道了。”

“不，我亲爱的朋友，其实是您什么都不知道。”

那些天，普鲁斯特在《舆论报》上阅读了让－路易·沃杜瓦耶连载的文章，文章的标题是“神秘的维米

1《田园牧人》(*Corydon*)，纪德于一九二四年出版的作品，旨在为同性恋辩护，遭到了广泛的非难，他后来将其看作是自己最重要的作品。

尔[1]”。文章写于荷兰画展在网球场[2]举办之际，画展展出了维米尔的三幅作品。沃杜瓦耶撰写的评论吸引了普鲁斯特。在文章中，为了“整理、构建和修饰美化后的内容”，维米尔的一些风流轶事在文章中出现得很少。普鲁斯特很欣赏这位荷兰画家，认为他是个“纯粹的、脱离了风流轶事的画家”。换句话说，沃杜瓦耶希望人们能够更加关注艺术家的作品本身，而不是缠绕在艺术家和作品周围的流言蜚语、凭空猜测。而这也正是普鲁斯特所希望的，他不想世人过多地关注书中某个人物的原型是谁，某个事件又影射着什么。随着最后一册《重现的时光》的出版，读者可以读到本书的结局，这样他们才会理解全书真正的含义。

他并非是那种世人们所贬斥的爱慕虚荣、佯装高雅的

1 约翰内斯·维米尔（Johannes Vermeer，1632—1675），荷兰伟大的画家之一，被看作“荷兰小画派”的代表画家。代表作品：《戴珍珠耳环的少女》《倒牛奶的女仆》《窗前读信的少女》等。

2 国立网球场现代美术馆（Galerie nationale du Jeu de Paume），巴黎的一座现代美术馆，位于杜伊勒里花园西北角，兴建于一八六一年拿破仑三世统治时期。

世俗作家，因为他只在乎作品中措辞的表达和文体的风格。对于写作的执念，他比书中所刻画的贝戈特更甚。这两人很相似，在生命的收尾处，他们都想再去看一看维米尔所画的那幅《带挡雨披檐的一小块黄色墙面》。不过，他们当然分别是在想象和现实中去的，一个是虚构的人物，另一个则是创造和投射前者的真实的人。

一九二一年五月，同样是在杜伊勒里花园的网球场，再一次举办了维米尔的画展，彼时普鲁斯特只剩下不到两年的寿命了。同样是在画展上，贝戈特正思忖着他是否需要坚持按照自己的原则去写作，是否要妥协于这个与他格格不入的时代，是否要取得短时期而非万古流长的名誉与成功，是否要得到绝大多数人的赞同，是否宁可在长时期内被人所误解、所嘲讽、所诋毁。但普鲁斯特并没有迟疑，在那一刻，他再也没有这样的迟疑，因为他早已打败了那些迟疑。他的作品就是他与迟疑战斗的战场，书中处处都是硝烟。在小说里，德·诺布瓦先生[1]那些关于文学的

---

1 德·诺布瓦先生（M.de Norpois），《追忆似水年华》中的人物，一位半退休外交官，总是公开说出自相矛盾的话。

评论，尤其是对贝戈特的那些评论，都是如此滑稽而可笑。对德·诺布瓦的无情的鞭挞正是普鲁斯特战胜迟疑的明证。

普鲁斯特写到了贝戈特的死亡，在荷兰画家那幅完美的艺术作品面前，他死去了。

普鲁斯特摇铃叫来塞莱斯特，希望她能给他拿来《在少女们身旁》的样书。

“精装本吗？”塞莱斯特问。

“如果您不嫌麻烦，那就精装本吧，塞莱斯特。”

拿到书后，普鲁斯特立即翻到那一页：

贝戈特是我所称作的吹笛手。应该承认他吹得委婉动听，但是过于矫揉造作。毕竟这仅仅是吹笛，价值不大。他那些作品松松垮垮，缺乏所谓的结构；缺乏情节，或者说情节过于简单，更主要的是毫无意义。他的作品从根本上就有缺陷，或者干脆说缺乏根基……我知道这是在亵渎那些先生所称作的“为艺术而艺术”学派——神圣不可侵犯的学派，可是在我们这个时代，有比推敲优美文字更为紧迫的事等着我们……

普鲁斯特笑了："啊，这使我很高兴。拿着，塞莱斯特，这是我写的……关于那个傻子……"

"您在跟我讲话吗，先生？"

"不，塞莱斯特，我得好好想想我自己。再给我拿来《舆论报》。"

普鲁斯特又读了一遍沃杜瓦耶的文章，文章里写道："维米尔让我们开始考虑血这个意象，在他作品中呈现的血，不是通过颜色的调配，而是通过物质……"

"希望您能记下我下面说的话，塞莱斯特。用左引号：'我也该这样写'，他（指贝戈特）说，'我最后几本书太枯燥了，应该涂上几层颜色，好让我的句子本身变得珍贵，就像这一小块黄色的墙面。'用右引号。您把它粘到我跟您说的地方，塞莱斯特，是您让我想到这句话的。把我的笔拿来，塞莱斯特，您把这个口信送给沃杜瓦耶先生：'亲爱的朋友，今早为了去看维米尔，我一夜未眠。您能把我送到画展那儿吗？我想倚靠着您的胳膊。只有我一个人。'"

下午三点九分，奥迪隆去接沃杜瓦耶先生，随后返回阿姆兰大街带上普鲁斯特先生，一行人出发去杜伊勒里宫。

虚构之中，贝戈特离家去看画展前只吃了几个土豆就动身了，刚踏上台阶，他就感到头晕目眩。他在沉思，想着那面带挡雨披檐的一小块黄色墙面，一束阳光照射在这一小块黄色的墙上。这让他想起了他的一生、他的死亡，还有那盏天国磅秤的两端。他想，能够评断一生的并不是生命与死亡，而是生命与写作，是他的作品和生命。他是否做出了好的选择？他是否打赌，帕斯卡尔这个放纵者是天平较重的一端，也许能帮他捞回赌金？他来不及思考了，又是一阵眩晕，他从沙发滚到了地上，所有的参观者和守卫都朝他跑去。

他死了。

但普鲁斯特没有。虽然眩晕也向他袭来，让他的步伐踉踉跄跄，但就在将要倒下的时候，他被沃杜瓦耶和阿姆斯特丹国立博物馆的一个叫班瓦·罗尔的随员扶住。

他没有倒下去。

出了展厅，他们走在露天网球场上，靠在让－路易·沃杜瓦耶胳膊上的普鲁斯特被正午的阳光晒花了眼。

沃杜瓦耶有一架照相机，他问普鲁斯特是否愿意拍几张相片。普鲁斯特面向阳光，双眼微闭，挺起胸膛，站得笔直。他沉默着，如同一个难以猜透的谜团。他站立的姿态，就像这一刻即将化为永恒。在《德尔夫特城风光》[1]那幅作品前，他追忆着那些书中人物濒临死亡的场景，像背诵一般复述出了那些他脑海中创作出来的句子。过一会儿，他将会回到家中写下这些句子。

几天后，多亏奥拉斯·菲纳利帮忙，他给亨利·罗沙找了份工作。普鲁斯特向菲纳利说罗沙很懒惰，而且对数字十分厌恶。他游戏人间、玩世不恭，活在世上只图个开心。菲纳利打发他去了布宜诺斯艾利斯海港上的一家银行工作。现在，罗沙已经远在天边了，一切都会好起来的。

“塞莱斯特，我们现在终于清静了，就只有我和您了。

1《德尔夫特城风光》（*La Vue de Delft*），维米尔·德·德尔夫特的画作，现藏于荷兰海牙莫瑞休斯博物馆。普鲁斯特安排贝戈特在这幅画前获得了信仰的启示，并在画前死去。在给让-路易·沃杜瓦耶的一封信中，普鲁斯特写道：“自从第一眼在海牙的博物馆见到《德尔夫特城风光》，我便知道这是我这辈子见过的最美丽的作品。”

《德尔夫特城风光》

我在死前安排这件事，真是明智之举。”

“哦，先生，可别说同样的话了。上帝……”

“别提上帝了，塞莱斯特。”

他收到了新一期的《新法兰西杂志》出版社的目录，上面写着：继普鲁斯特之后，艾尔内斯特·佩罗雄[1]获得了今年的龚古尔文学奖。获奖之时，他的小说《奈娜》已经售出了七万五千册。普鲁斯特正在饮用的咖啡已经十分浓醇，但仍旧无法让他的怒火平息：“佩罗雄？《奈娜》？这些名字真的是听够了！难不成还能流芳百世？文案上写着：‘一本在家中阅读的佳作。’什么？在‘家中’？这是个什么故事？又是加斯东的新发明？此时此刻呢？塞莱斯特，由他们出版的我的书在哪儿？在博纳街上呈毡状的办公室里是谁在负责我的书？委托他们出版我那可怜的书是我犯下的无法弥补的错误，因为他们现在竟然只关注这个佩罗雄先生写下的‘在家中阅读的佳作’！我真是丑陋，我真

1 艾尔内斯特·佩罗雄（Ernest Perrochon，1885—1942），一九二〇年龚古尔文学奖得主，获奖作品《奈娜》。

是堕落，我真是在糟蹋自己的作品！啊，这些词还是没有力度。塞莱斯特，它们还是无法表达我的愤怒！”

普鲁斯特让奥迪隆给加斯东·伽利玛立即送去一封言辞尖锐的信，信上的怒火简直要点燃信纸了。他们回信说，关于他们所出版的书的销量，不应该只听出版社的一面之词。如果能使普鲁斯特平息怒火，加斯东·伽利玛准备在下一期的《新法兰西杂志》目录中宣布“《在少女们身旁》迄今已经售出了八万册，甚至十万册”。普鲁斯特同意了，他说：“其实，那不过又是一面泛黄的墙罢了，但数字本身毕竟是客观的、具有说服力的，能给人留下深刻的印象，就算数字不能呈现作品的价值。对的，价值，塞莱斯特……还有，‘如果别人佩有长剑，那么你就不能两手空空地上战场’。”

七月十六日，格拉迪斯·迪肯和马尔伯勒公爵已经订婚，与普鲁斯特在轩尼诗夫人家中共进晚餐。在二十一世纪的今天，人们很少咄咄逼人，避免言语上的责难，而在那时，人们却乐于相互攻讦。普鲁斯特在晚宴上再一次见到了阿尔芒・吉什，他看起来很快乐，大概是与轩尼诗夫人的重逢让他发自内心的喜悦，甚至因为触碰到了她丰腴的胳膊而激动，虽然这种想法很羞耻。人们之间相互客套应酬，谈论的主题是虚构的盖尔芒特夫人与真实的榭维涅夫人之间的相似之处。他们说，一开始，榭维涅夫人在盖尔芒特夫人身上看到自己的身影时并没有什么表示，但是当有人告诉她这个捏造的人物性格十分自私时，榭维涅夫人便表达了她的不满。人们是这么向她描述盖尔芒特夫人的：她就站在斯万的身边，穿着红色的皮鞋……普鲁斯特拿出一块手帕擦了擦嘴，又擦了擦眼睛。他盯着与自己滔滔不绝地交谈的轩尼诗夫人，她的胳膊肌肤丰泽。他拿起依云牌矿泉水，自打搬进阿姆兰大街，他便一反常态地时时都带着这个牌子的水——既然可以让生活更"复杂"些，那么为何不丢弃简单、乏味的生活？

有人不禁问了：有关于红皮鞋的故事是什么？吉什读过，他接过话茬儿解释了一番：盖尔芒特公爵和公爵夫人离家去往圣德费尔特夫人家参加晚宴，来接他们的马车提

阿尔芒·吉什公爵，普鲁斯特的密友，后来迎娶了格雷菲勒伯爵夫人的独生女艾兰娜。普鲁斯特为他的婚礼送了一件奇特的礼物：手枪。

前到了，但偏偏这时来了一位访客。这位访客不是随随便便的人，正是盖尔芒特夫人的朋友斯万。斯万告诉他们自己生病了，疾病将在几个月后夺去他的性命。盖尔芒特夫人既不想在晚宴上迟到，又需要向他亲爱的朋友表示同情，这让她面临着两个截然不同的责任。正在上车的盖尔芒特夫人撩起了自己的红裙，露出了黑鞋。公爵见了，大吼一声："你怎么穿着黑鞋，可衣服还是红的？还不回去换那双红鞋？！"盖尔芒特夫人担心斯万听到了公爵的话，便柔声回答："既然我们要迟到了……"但公爵毫不在意，对于斯万的疾病与死亡，他根本漠不关心。他甚至对濒死的斯万抱怨他夫人身体不好，并且毫无愧疚，因为在他看来，他妻子的身体更加重要，更使他感兴趣。把斯万他们送到门口后，他高声喊道："喂，您哪，别相信那一套，让他们的话见鬼去吧！他们都是蠢驴，您的身体堪比新桥[1]，您比我们谁都要活得更长！"

那么，究竟谁会是躲在盖尔芒特公爵夫人身后的原型

1 新桥（Le Pont neuf），巴黎最古老的桥。

呢？轩尼诗夫人和阿尔芒·吉什告诉榭维涅夫人，也许是格雷菲勒伯爵夫人[1]。普鲁斯特惊叫道："并不是这样！"首先，如果他要描绘格雷菲勒伯爵夫人，那也绝对不会是盖尔芒特公爵夫人，而是盖尔芒特王妃。其次，对于红鞋这段情节，其实是热奈维埃芙·斯特劳斯夫人给他的灵感。斯特劳斯夫人读完这一段之后，她会心一笑，大方承认，并没有对普鲁斯特怀恨在心。她是一位人见人爱的夫人，这个晚宴上的人几乎都认识她，知道她是一位事事操劳的善心人。至于榭维涅夫人，普鲁斯特仍旧对她心怀芥蒂，她鄙薄他。榭维涅夫人从前是加布里埃尔大街上的极乐鸟，如今在《盖尔芒特家那边》出版后，她已变成了一只固执的老母鸡。这样的悲伤，就像是一个人在生命终结之时不得不放弃所有一切所感到的巨大的悲伤。"我们走吧，我不是想指责您。请您原谅我。"普鲁斯特喝了一口依云牌矿泉水。

1 格雷菲勒伯爵夫人（Mme Greffulhe），当时巴黎上流社会的沙龙女王，孟德斯鸠的表妹，也是普鲁斯特献殷勤的对象。一八九三年七月，普鲁斯特第一次遇到格雷菲勒伯爵夫人，惊为天人："从未见过如此美丽的女人。"格雷菲勒伯爵夫人是盖尔芒特夫人的原型之一。

一九二一年七月十四日，酷暑已经让政府决定取消阅兵，但普鲁斯特仍旧盖着七层羊毛被、穿着一件皮外套、拿着三个汤壶写作。尽管屋内弥漫着烟雾，但他仍旧让塞莱斯特在壁炉内烧柴火。

九月，头晕目眩的普鲁斯特从床上摔了下来。尿毒症的症状也更加明显，这是他妈妈和贝戈特都患有的病症。

十月初，他因为服用了过量的惯用药物（巴比妥、二醛、鸦片等）而再次中毒。他一直昏睡着，直到第二天才叫来塞莱斯特。她问他为何服用如此多的药物，他说：“如果确定死后可以再见到妈妈，那么我愿意立刻死去。”

十一月，他去雅各街二十号拜访了女骑士娜塔莉·巴涅[1]。他迟到了很久。如任何一次出行一样，他穿着晚礼服，衬衣胸口处皱巴巴的。他们到达时，娜塔莉·巴涅穿着睡衣躺在床上。

1 娜塔莉·巴涅（Natalie Barney，1876—1972），自一九〇二年以美国侨民的身份在巴黎永久定居，左岸文学“星期五沙龙”（二十世纪巴黎最著名的文学沙龙）的女主人。

他在埃蒂安·德·博蒙和埃蒂特·德·博蒙家中度过了这一年的新年。他们在迪多克大街的私人府邸举行了舞会。很奇怪，明明身体已经受不了这种折腾，但普鲁斯特仍在那儿待了整整一个晚上。也许这是为了他的书，他的书比他的身体更加重要。

第五章

一九二二年年初，里兹酒店举办了一场舞会。泰雷兹·蒂尼斯达埃勒小姐向列维斯侯爵夫人展示了最近流行的几种舞蹈：探戈和可能是查尔斯顿舞[1]的雏形。保尔·莫朗与一位衣着紫色的美丽女性共舞，不过并不是苏佐公主[2]。普鲁斯特跳了几段英国宫廷舞，跳舞人群包括：大键

1 查尔斯顿舞（le charleston），一九二〇年至一九二五年流行于欧洲的美国舞蹈。

2 苏佐公主（Hélène Soutzo，1853—1925），父亲是希腊银行家，她的第一任丈夫是德米特里·苏佐王子。“一战”后的巴黎，她的沙龙设于里兹酒店，她还是斯特劳斯夫人的批评者。她在里兹酒店的沙龙颇能吸引普鲁斯特，是他最后一位献殷勤的对象。后来，她嫁给了普鲁斯特的好友保尔·莫朗。

琴弹奏者旺达·兰多芙斯卡[1]、伊莲娜·瓦卡斯科小姐[2]、玛丽·舍科维奇、旋转个不停的戈蒂埃·维格纳尔、一位俄罗斯贵妇、一个罗马尼亚人、一个比利时人、一个墨西哥人……普鲁斯特突然有点饿，他收买了一个工作人员。在那人眼中，普鲁斯特名震四海。他为普鲁斯特特地开了一个包间，给他端来了烤羊腿。

工作了整整一晚之后，普鲁斯特在第二天早晨依旧保持着清醒，因为加斯东·伽利玛很有可能来访。为了接待加斯东·伽利玛，他注射了过量的肾上腺素。这一天是一月十八日，星期三，如果加斯东晚上不来的话，普鲁斯特将去洛朗－皮沙街拜访雅克·波雷尔。这次拜访让他很快乐，但随之而来的却是痛苦：这次出行之后，他的病情发作得更加厉害了。从星期四开始的接下来几天，每当他最为不适的时候，加斯东·伽利玛坚持每晚都要造访。他花

---

1 旺达·兰多芙斯卡（Wanda Landowska，1879—1959），波兰大键琴家、钢琴家。

2 伊莲娜·瓦卡斯科（Hélène Vacaresco，1864—1947），罗马尼亚裔法籍贵族作家，两次荣获法兰西学院奖。

了那么多个夜晚，只是为了帮助普鲁斯特把最终的手稿确定下来，看普鲁斯特究竟用哪一句话结束洋洋洒洒的《追忆似水年华》。

他送来了《索多姆和戈摩尔（二）》校对的校样，这是最终要付印的校样。伽利玛自己也留有一份，当然希望能看到它尽快出版。不过，令伽利玛万万没有想到的是，普鲁斯特不仅在校对方面十分差劲（当然不包括那些一眼就能看出来的明显错误），而且根本毫不关心。他热衷的是增删、修补，热衷的是为每句话润色，为每个在书中活着的角色修饰。他很清楚自己的病情，他知道自己已然大限将至。可是，即便他已然为全书写下了“完”字，但他仍旧要用最后的精力去打磨作品，所以，他并未真正意义上的“完成”全书。延迟这本书的完成，也就是延迟他生命的终结。为了这本书，他向死神多要了几年的生命。他告诉塞莱斯特，他很开心在末尾写上“完”这个可怕的字眼，他随时随地都可以义无反顾地死去。不过，这当然不是真相。人们什么都不懂，朴实忠厚的塞莱斯特和世故圆滑的加斯东·伽利玛都不懂，在普鲁斯特最后的几个月里，他的目的只是活着。活着，才能对作品进行再构思。他的脑海中一直充斥着对作品的构思：增加一些片段、感受、思考，对事物的形容要再精准一些，对人物的刻画要再丰满一些，对事件的描绘要更加生动一些。例如，他需要把他笔下的两三个地下室的特征写得更加细致，就如同巴黎商场的地下室那般栩栩如生，就如同同时代弗洛伊德对人的心理动机的描绘那般准确。

想象一下：家中有一个地下室，从那里喷薄而出的是冲动、很难理解但力量强大的害怕、错误、很快就忘却的梦想、非本意行为、遗忘和隐藏的愿望，隐藏的愿望甚至连他自己都不知道。而他却不满足于只有一个地下室，想要几个，好几个地下室，数量不定、相互重叠的地下室，来为不同程度的激励、隐藏的愿望、不理解和永不会理解的害怕筑巢。地下室里层层叠叠地堆积着他的想法。无论如何，不管他做什么，只要他活着，只要他被死神允许再多活一会儿，他的书就永远处于未完成的状态。书与人生其实很相似，一本书就是一段在不断前行的人生。书中自有奇事、有旅行、有爱情，还有为像贝戈特这样的作家所书写的篇章，有为像凡德伊这样的音乐家构思的旋律，有为像埃尔斯蒂尔这样的画家所勾勒的草图。但无论人们有多热爱这些，作家都会专断地写下“完”字。“写下‘完’字，不是确凿地证明了我们还活着吗？证明我们仍旧可以继续写作、增补、删改，继续为这条饥饿难耐的生命提供食物。它不断吞噬我们的血肉和精力，它是让－亨利·法布尔所观察到的那种土居的黄蜂，而我们则是毛毛虫。黄蜂对毛毛虫太残忍了，它麻痹毛毛虫，使它们瘫痪，成了一种持续新鲜、充满营养的食物。请注意，塞莱斯特，我说的不是它们将毛毛虫杀死，这种土居的黄蜂在其他动物身体里产卵，以便幼体破卵而出时就有新鲜的食物[1]。我说的是一种更加聪明，但也更加残忍的行事方式。在法布尔

---

1 法布尔曾经考察过一种膜翅目的昆虫——一种土居的黄蜂，它们为了在死后幼虫仍旧可以吃到新鲜的肉食，不惜借助解剖学知识来发挥它们残忍的本性：它们用刺尾娴熟而巧妙地扎进捕获到的像是鼻虫和蜘蛛的中枢神经，使俘虏失去肢体活动的能力，但又不影响它们其他的生命功能，然后它们把虫卵产在瘫痪的昆虫的身体里，好让幼虫一经孵化就能吃到毫无抵抗也无法逃遁、只有乖乖听凭摆布、绝无危害但又不变味的鲜美活食。

的书中，这些幼虫进食是为了活着，而我的书就像那些幼虫一样。塞莱斯特，它们以我每夜所剩无几的精力为食，耗尽了我所剩无几的生命。您是否注意到了，塞莱斯特，‘一个加在校样上要求修改或者增加内容的纸条’和‘鸟含在嘴中的一口食物’是谐音[1]？在我的书中，有一位博学多才的布里肖，您还记得他吧？斯万觉得在巴黎大学任教的布里肖博士迂腐而庸俗。学识渊博的布里肖曾给贝戈特解释过‘一个加在校样上要求修改或者增加内容的纸条’这个词的词源，这真是有趣。”

一月十八日的夜晚至十九日的凌晨，趁着普鲁斯特去往波雷尔家的时候，塞莱斯特“彻底地”整理了他的房间。她给屋子通风，更换床单枕套，整理手稿、杂志与信件，将散乱在地上的手帕、笔杆、止鼾喷雾、棉纱、湿纸巾等全部归位。

这是自从波雷尔的母亲蕾雅娜去世之后普鲁斯特第一

1 此处指两个单词：béquet，becquée，前者指“一个加在校样上要求修改或增加内容的纸条”，后者指“鸟含在嘴中的一口食物”。

次去往洛朗－皮沙街，他于凌晨两点抵达。在那儿，他遇到了莱昂－保尔·法尔格。他同法尔格谈论科克托，追忆去年十一月刚刚去世的罗贝尔·德·孟德斯鸠[1]。彼时，他的回忆录正在印刷厂印刷，即将由格拉塞出版社出版。他对这本书中揭露自己某些过往的段落有些担忧，因为他觉得孟德斯鸠是个很爱记仇的人。

他会出席一些晚宴以示对主人的尊重，例如苏佐公主

1 罗贝尔·德·孟德斯鸠（Robert de Montesquiou，1855—1921），家世显赫，祖先是《三个神枪手》中达达尼昂的原型，他本人则是巴黎社交圈的“教皇”，秉承唯美主义，注重自身形象。不仅左右着时尚潮流，也影响着文艺趣味。后文中的前卫俱乐部“屋顶牛”也是因为他的捧场才大名鼎鼎。普鲁斯特对孟德斯鸠极尽巴结、曲意奉承之能事，在一封致谢信的附言中，他将孟德斯鸠比作“一片繁星的天空”，自己则是“一条地上的蚯蚓”，写信的署名为“您卑微的、热情的、完全被迷住的马塞尔·普鲁斯特”。普鲁斯特与孟德斯鸠之间的情感很复杂，一八九三年至一八九四年，二人曾“擦出火花”，但后来因为性情不合，只发展成了类似于师生情的感情。普鲁斯特常常在公共场合模仿孟德斯鸠大笑、顿足、说话的样子，博取大家的欢心。时间久了，孟德斯鸠有所耳闻，两人关系逐渐疏远。当《索多姆和戈摩尔》一卷出版后，众人都从书中辨识出孟德斯鸠就是书中夏吕斯男爵的原型。孟德斯鸠聪明地拒绝“对号入座”，他只向一位友人表示，普鲁斯特的作品出版令他一蹶不振、卧病在床。他不无自嘲地询问另一位夫人，自己是否应该从此更名为“孟德－鲁斯特”。

罗贝尔·德·孟德斯鸠

在里兹酒店举办的晚宴。出席这种晚宴时，他总想与人探讨一些“资本主义”的问题，例如，如此隆重的场合下公主穿了什么样的长裙。他偶尔会显得惊慌而焦躁，如同刚从睡梦中苏醒过来一样。一位目击者曾说，他就像“一个慌乱的飞行员为是否应该降落而犹豫不决”。要是无人可以与他探讨这样的问题，他就会一无所获地回去，然后向塞莱斯特抱怨：他出去了一趟，身心疲惫，却什么都没有干成，还浪费了如此宝贵的时间和精力，这真是太让人糟心了。要是某位先生、某位夫人也同样接受了邀请出席晚宴，他反而会不敢与他们交谈，或者说不敢表现得叫他们腻烦。他会写一封言辞恳切的信请求他们原谅：原谅普鲁斯特本身与他交谈心切，想走近他们，但他们却在与他人高谈阔论，生怕他们腻烦了自己……他想见的人有伯爵夫人的表兄弟，不过他不在，要么是没有受邀，要么是忙于事务。他想请求伯爵夫人的表兄弟告诉伯爵夫人，她曾欣然允诺今晚带来她姑妈的照片——一位出生于卡斯特里的威格特老夫人。他也希望加尔省的莫里斯・马丁先生也能受邀前来。

“但是，塞莱斯特，这些都没有发生，已经好几天了。准确地说，应该是好几晚了，什么都没有发生。生活就是这样，没有方向、没有意义地继续向前进行下去。没有空闲、没有工作、没有乐趣、没有收获。总之，塞莱斯特，就像我跟您说的那样，既浪费了一个盛大的晚宴，又浪费了一个晚上的时间，这简直是双重浪费。为了这些小事，塞莱斯特，我又耽误了我的正事。”

“但是，先生，如您所说，这些小事的发生，就不能成为滋养和充实您作品的素材吗？”

“您让我无话可说，塞莱斯特。您拿走我嘴里的面包吧，我没什么胃口了。”

他的侄女苏西·普鲁斯特将要举办一场十八岁生日晚宴。虽然她的生日是在去年的十一月二十五日，不过直到一月二十八日星期六这天她父母才开始招待朋友。罗贝尔·普鲁斯特一家只知道马塞尔·普鲁斯特是在博蒙家吃的年夜饭，但他们不知道的是，普鲁斯特为了拒绝博蒙一家的邀请，推说自己无法行走了，不过最后他还是去了。总之，他出席了这场生日晚宴，也是一场“医疗晚宴”——一场有医疗界、军事界和上流社会的“巴黎名人”的聚会。不过幸好，这晚的聚会没有散发出什么药味儿、动植物的味儿和香炉味儿。这些人对普鲁斯特十分友好，甚至连闻名全城的医生加布里埃尔·布傅·德·圣布莱斯都为他让扶手椅，这可不是瞎编的。

普鲁斯特的摇铃声不断，他总是抱怨说房内有风。“怎么可能呢，先生？门和窗都是关上的呀，连窗帘都拉上了。”塞莱斯特说。

他摇铃让她再把维希水温一下，房间刚通了风，这水也凉了，他喝不下去。

他摇铃叫她准备一个馅饼。馅饼做好了，他又嫌难吃，几乎是愤怒地把馅饼给退了回去，一并退回的还有之前要的土豆。

四月底，他摇铃告诉塞莱斯特天太冷了：“厨房是不是会更暖和一点儿？”

他还摇铃叫来塞莱斯特，为他如此频繁地摇铃而抱歉。

他注射肾上腺素以便保持清醒继续工作，随后又吃安眠药睡上几个小时。他饮用加了氯仿的水治疗恶心。

“塞莱斯特，您有羊角面包吗？那些面包还像我喜欢的那样新鲜和松脆吗？准备土豆需要很长时间吗？面条呢？算了吧，塞莱斯特，我看还是不要羊角面包了，别的什么也不要了，我什么都吃不下去。对了，塞莱斯特，我摇铃向您要汤药了吗？”

“没有，先生，您摇铃说的是不要汤药了。”

“话虽如此，还是马上给我端一碗吧。我要滚烫滚烫的汤药，别像上次那样的。塞莱斯特，我有没有跟您说过，您有时让人难以忍受？”

普鲁斯特受到米拉伯爵夫人的邀请前去参加晚宴。刚出门时，遇到了突然来访的保尔·莫朗。其实，他很想去参加米拉伯爵夫人举办的晚宴，在那儿他可以和波利尼亚克王妃见面，在她的引荐下可以收集到一些关于福雷[1]、弗兰克、德彪西或者是圣－桑[2]这些资产阶级音乐家的消息。不过，因为莫朗的造访，他没去成，他给伯爵夫人写了一封感谢以及道歉信。与其说写，倒不如说是潦草地画。因为需要询问关于音乐方面的问题，他也给王妃写了一封信。

四月伊始，他为了去里兹酒店见悉尼·希夫[3]（他在小说上署名史蒂芬·哈德逊）一面而过多地注射了肾上腺素。他预定了星期六早上七点的十二号房间，这也是他常常接见朋友的房间。这些朋友要么是名扬四海，要么是同他没有那么亲密，他才会在酒店接待，而不是在他阿姆兰大街上的那间“狗窝”接待。里兹酒店的老板奥利维埃·达布斯迦通常会将他的朋友们送到这里，他就在此处会客。他腿上盖着花纹格子的旅行毛毯，穿着礼服和上过浆的白色

---

1 加布里埃尔·福雷（Gabriel Fauré，1845—1924），法国著名作曲家和管风琴演奏家，被誉为“法国的舒曼”。

2 夏尔·卡米尔·圣-桑（Charles Camille Saint-Saëns，1835—1921），浪漫时期的法国钢琴及管风琴演奏家，亦是一位多产的作曲家。重要的作品有《动物狂欢节》《骷髅之舞》《参孙与大利拉》等。

3 悉尼·希夫（Sydney Schiff，1868—1944），笔名为史蒂芬·哈德逊（Stephen Hudson），英国小说家、翻译家。

硬胸衣，手上戴着灰色的棉手套。十二号房间幽暗静谧，唯一一束稀疏的光线来自房间角落的一个采光洞。他闷声闷气地说话，被他接见过的人说他像个“眼皮下垂的亚述占卜师”，活像个阿尔伯特·布洛赫[1]笔下画作中的亚述人，他们步履歪斜、面露阴险，模样带着犹太人的神色。布洛赫本人偏偏也是个犹太人。

这天，普鲁斯特来到里兹酒店，但他没见到经理亨利·艾力斯，也没见到老板奥利维埃·达布斯迦。他们俩双双外出了，这让普鲁斯特很生气。他进了房间，叫楼层的侍者去通知希夫先生及其太太他已经到了。一个小时后，侍者回来了，告知希夫先生现在在这儿，但他太太不在。普鲁斯特让他再去多了解一些情况。一个小时后，侍者又回来了，他说：“希夫先生确实在这儿，不过，问题在于，是莫蒂默·希夫先生，而不是悉尼·希夫先生。我很抱歉，先生，希望您能体谅。”

普鲁斯特与奥迪隆一起回家，他向塞莱斯特抱怨这件

1 阿尔伯特·布洛赫（Albert Bloch，1882—1961），美国现代主义抽象画大师。

事情，并口授让她给一位英国朋友写信。这时的普鲁斯特发着高烧，浑身发烫，连床都下不了了。在信中，他告知朋友，他已经气息奄奄，除了这封信，他还没有向谁在这样的状态下写信。在末尾，他说疲惫没能让他将信写完。

普鲁斯特很清楚有人说他是个伪装者、虚构者，为了那一点儿蝇头虚名而自视甚高，抛弃了过去那些朋友，摆出一副绅士的架子。这几个晚上，他明明出入郊区的各大高级酒店，戴着面具，在舞厅中央跳着英国的宫廷舞。人们嘲讽说，跳舞才是他即将垂死的原因吧？他因为此事而问塞莱斯特："在这种情况下，人们是如何认出我的呢？"

"先生，事实上，您说的也很有道理。他们以为那个化妆成水牛比尔[1]的人是您，头戴牛仔帽、腰间配备一把左轮手枪。"

---

1 水牛比尔（Buffalo Bill），威廉·弗雷德里克·"水牛比尔"·科迪（William Frederick "Buffalo Bill" Cody，1846—1917），美国传奇历史人物，南北战争军人、陆军侦察队队长、驿马快递（Pony Express）骑士、农场经营人、边境拓垦人、美洲野牛猎手和马戏表演者。

“塞莱斯特，您能想象吗，我装扮成一个牛仔的样子？水牛比尔会比我们活得都要长久！岂是我这副病容可以装扮的？塞莱斯特，这就像我那可怜的斯万，盖尔芒特明明看见他病入膏肓的模样，却还说他会命比新桥，活得长长久久。塞莱斯特，您说盖尔芒特怎么能睁眼说瞎话呢？”

“先生……我也不知道该怎么说。”

“让我一个人待着吧，塞莱斯特。我还有工作，您的关心会打扰到我。”

三月，他轮流摄入肾上腺素和咖啡因、鸦片和巴比妥。他几乎不再进食，也不再睡眠。他的尿毒症又发作了。

四月底，他给悉尼·希夫、雅克·班维尔[1]、莱昂·都德、诺阿耶夫人、保罗·索地、斯特劳斯夫人、阿尔贝·埃尔芒[2]、费尔南·范德、让·阿尔伯特、皮埃尔－安德烈·迈、柏格森、亨利·德·雷尼埃、玛丽－克劳

---

1 雅克·班维尔（Jacques Bainville，1879—1936），法国历史学家。

2 阿尔贝·埃尔芒（Abel Hermant，1862—1950），法国剧作家、小说家、散文家，法兰西学院成员之一。

德·丹居伊、弗朗索瓦·莫里亚克寄了亲笔题字的原版《索多姆和戈摩尔（二）》。最后这位弗朗索瓦·莫里亚克回信说：对于普鲁斯特作品中的“鸡奸者”没有任何神圣的庇佑这一点，他感到十分欣赏与惋惜；在普鲁斯特虚构的世界中，并不是所有的城市都是被诅咒的，仍旧保留一块净土；在那儿，没有任何鸡奸这样的龌龊事情发生。普鲁斯特对这种有所保留的称赞和恭维并未放在心上，这样的个人解读是可以宽恕的。在其他所有不合时宜的称赞与恭维中，最令普鲁斯特喜悦的是把他同一些明日黄花的作家联系起来，譬如皮埃尔·贝努瓦和塔罗兄弟。

不过，也有另外一些称赞与恭维则是完完全全的曲解，比如因为书中对于土居的黄蜂将虫卵产在其他动物体内这种细致而生动的描写，反而招来了一些称他为昆虫学家的谬赞。他听到之后火冒三丈，他根本不是什么昆虫学家！他之所以写这些，是出于对让-亨利·法布尔工作的敬仰，那位怀着伊斯兰信仰的真正的昆虫学家在普罗旺斯茂密的丛林之中度过了一生。普鲁斯特并不沉醉于细枝末节当中，他自己也从未拿着显微镜观察生物行为，反而像个天文学家那样举着一架望远镜观察天象。他问塞莱斯特："在洛泽尔，人们会这么表达'不拘泥于细枝末节'吗？"

"先生，据我所知并没有。"

"好吧，那人们怎么说？"

"人们说……比如……其实我也不知道，先生。"

"塞莱斯特，我在观察遥远的行星，希望能发现一个客观存在的运行规律，就像爱因斯坦那样。是的，塞莱斯特，像爱因斯坦那样！"

"先生，容我冒昧地说一句……"

"不，塞莱斯特，您什么也不必说。是您大错特错了，而且，您也不是唯一一个大错特错的人。"

五月初，为了再一次能在里兹酒店见到希夫先生，普鲁斯特摄入了纯肾上腺素。他的消化道仿佛被硫酸灼烧般作痛，持续了好几个小时，他因此不得不中断向朋友寄送《索多姆和戈摩尔（二）》。医生建议他洗胃，但随后又放弃了。之后的几天里，他只能咽几口冰激凌、饮几口啤酒。

这些都是在里兹酒店里买的，花了他很多钱不说，还都毫无营养。

斯特劳斯夫人收到了他亲笔题字的书，爱不释手。她的丈夫埃米尔假装很嫉妒，推心置腹地跟他们的小马塞尔说：“她整天整天地阅读这本书，清晨、晌午、半夜，她一直在读，一直在读！真糟糕啊，马塞尔！您不仅是一位伟大的艺术家，而且也是我厌恶的朋友！我总是跟热奈维埃芙说，一直都跟她强调要秉持皮浪[1]怀疑论的态度，不要轻易地……可是她根本不听！人们将都会看到，热奈维埃芙处于永久的沉迷、永远的敬仰中。”

五月十八日，伊戈尔·斯特拉文斯基[2]的《列那狐》在巴黎歌剧院首演，这是由俄罗斯的舞蹈家演出的一场滑稽芭蕾舞。演出结束后，希夫一家在玛杰斯缇克大酒店[3]请客

1 皮浪，希腊古典时期的哲学家，被认为是怀疑论的鼻祖。

2 伊戈尔·菲德洛维奇·斯特拉文斯基（Igor Fedorovitch Stravinsky，1882—1971），美籍俄国作曲家、指挥家和钢琴家，西方现代派音乐的重要人物。

3 玛杰斯缇克大酒店（hôtel Majestic），建于一九〇八年，二〇一四年七月变身成为亚洲风十足的巴黎半岛豪华酒店（Le Peninsula，Paris）。

吃饭，为的是要向迪亚吉列夫[1]及其芭蕾舞蹈家，还有他极其钦佩的四位天才：毕加索、斯特拉文斯基、普鲁斯特和乔伊斯表达敬意。那时，乔伊斯已经在巴黎定居两年，他在午夜时分抵达，因为察觉自己衣着不得体（他没有晚礼服）而十分不自在。他向在场的人都敬祝赞词，除了普鲁斯特。他之前便宣称过，他只读过几页普鲁斯特的作品，也不觉得他有什么才华。晚会结束后，乔伊斯跟在希夫先生和希夫太太身后，和他们一起拥进了奥迪隆的车里。他坐在车门边，打开车窗，点燃手里的香烟。希夫看到以后，立刻叫他扔掉手里的香烟，并且关上了车窗。乔伊斯的眼神之中透露着不满，普鲁斯特那灼烧着的胃也在抗议，但他并没有什么表示。普鲁斯特主动和乔伊斯搭腔，问他是否喜欢今晚宴席上的松露，是否见到了他想见的公爵夫人。乔伊斯回答说："是的，没有。"普鲁斯特随后又说："很遗憾，我没有读过乔伊斯先生的作品。"乔伊斯回说："我也从没读过普鲁斯特先生写的东西。"车开到阿姆兰大街，

---

1 塞尔吉·迪亚吉列夫（Serge Diaghilev，1872—1929），创立了享誉全球的俄罗斯芭蕾舞团。

普鲁斯特让悉尼·希夫向乔伊斯先生转达：乔伊斯先生可以坐他的车回家。

回到房间之后，普鲁斯特不出意外地感冒了。

劳拉·海曼[1]写的一封信来了。普鲁斯特认识她已经是多年以前的事了。那时，小马塞尔十七岁，他在外叔公路易·韦伊家认识了这位“玫瑰夫人”，那时她三十六岁。小说中有个人物叫奥黛特什么来着？对了，是奥黛特·德·克雷西——一位住在佩鲁斯大街上半上流社会的女人，后来她成了奥黛特·斯万——希尔贝特的母亲。劳拉·海曼寄来的信件满是她的愤怒，她一点儿也不满意书中奥黛特·德·克雷西这位临摹她而成的形象。其实，她并没有读过这本书，但并不妨碍流言飞向她的耳畔。人们告诉她，普鲁斯特描绘的这朵交际花颇有她的身影与风姿，比如书中她渴望着资产阶级的尊严、有条不紊的夫妻生活，而且最后机智地结了婚，这与传统的交际花很是不同。普

1 劳拉·海曼（Laure Hayman），一八八八年十七岁时，普鲁斯特开始象征性地追求海曼，不停地献殷勤、送花、送礼物，所谓“普鲁斯特做派”。

鲁斯特是以她为蓝本描绘这个人物的，这是真的吗？毕竟这是太过于明显的事实，比如，书中奥黛特府邸坐落在凯旋门后的佩鲁斯大街上，而海曼恰恰就住在佩鲁斯大街三号，那时她经常去普鲁斯特的外叔公路易家。这足以证明奥黛特·德·克雷西正是她劳拉·海曼！小马塞尔实在太没有心肠了，海曼夫人很想知道他将如何为自己辩解。不过，她之所以如此生气，是因为她从未想人们虚伪地来恭维她，但这次小马塞尔却用一本书将她推到了巴黎的风口浪尖上。有人告诉她，读者们的恭维真是络绎不绝呢。“狗屁！就像那些英国朋友说的那样，全是狗屁！”

普鲁斯特在回信中给出了相同的理由，与之前面临相同情况时写的理由一样，他否认了劳拉·海曼是奥黛特·德·克雷西的原型，甚至跟她完全无关。即便她偶然发现了什么共同点，也说明不了什么。他倒是希望她能向斯特劳斯夫人学习学习，至少要三思而行，而不要妄下评断。比如，在《在少女们身旁》一书中，普鲁斯特所深爱的角色奥黛特，或者说斯万夫人，她举办了一场沙龙。在那场沙龙中，有一种白色的花很特别，人们管它叫“雪球花”，那是普鲁斯特在斯特劳斯夫人家中看到的，随后写进了书中：

然而，在这间我后来不再光顾的客厅里，这几个星期里，绽放的鲜花已经冰冷，全部真理已在我眼前显露，而它通过的是另一种令人醉倒的白色，例如“雪球花”——它那高高的、赤裸的茎干像拉斐尔前派画家[1]作品中的直线形小灌木，茎干顶端是既分瓣又合拢的球形花，它像报信天使一样洁白无瑕，并向四周散发柠檬的芳香。

但愿海曼夫人思考一下，斯特劳斯夫人看到这一段时肯定会认出那些花的，但是她会联想到奥黛特就是自己吗？没有。此外，在普鲁斯特的印象中，劳拉·海曼在室内装修方面有着无可挑剔的品位，不过奥黛特一家的布置并没有给读者留下什么深刻的印象。她以为自己在书中是一只天鹅吗？大错特错！他视她为一只轻浮的燕子，或者

1 此派绘画藐视约定俗成的规则，其风景画中常有开满百花的灌木。

是漂亮的极乐鸟罢了。

在很长一段时间里，除了这段公案，普鲁斯特还要说服人们相信盖尔芒特公爵夫人并非是格雷菲勒夫人，盖尔芒特公爵也不是拉乌侯爵。尽管后面这一虚一实的两个人都有着一个共同点，那就是每天早晨他们俩都要穿着睡衣在床边刮胡子，以示他们对住在日耳曼郊区府邸中的附属建筑里的房客们的蔑视，因为他们从未想过会遇到这群乡巴佬儿！“所有的女人都不明白文学创作意味着什么。身为作家，我们不会把任何一个形象原封不动、不经改造地复制在作品里。”

“这样太让人疲惫了，塞莱斯特，这些猜测和流言都是多余的，但无论如何都是我生前应当做的。您能为我买一些芦笋吗？我也不确定自己是否会吃。要是我摇铃了，您就给我端来。不过，我也不确定自己是否会摇铃。我摇了，您就要马上过来；我没摇，您也要随时过来看一下我是否安好。”

尽管他病入膏肓、疲惫不堪、伤痛累累，尽管他患有

劳拉·海曼，少年普鲁斯特献殷勤的对象。

风湿、失眠，尽管他服用如此多的药物，但他仍坚持完成自己的工作：他每天都或写或口授几封信件，阅读《费加罗报》《高卢人报》中和他有关的新闻简报，以及其他有关于他的专著、杂志和信件。对于任何收到的作品和信件，他都会回复以详尽的评论，而不是一些简单的字句。他甚至还会回复别人因他寄去《索多姆与戈摩尔（二）》而写的感谢信。

他全部会读，是的，他甚至还读了克洛德·费瓦尔[1]，也就是皮埃尔堡男爵夫人寄给他的历史小说《埃及艳后》。他在回信中倾注了大量对这本书的赞美之词，尽管在他人读来都是一些套话，辞藻华丽而空洞，毕竟这无非是他纯粹献殷勤罢了。

我们的小马塞尔很是愤慨：“记住了，塞莱斯特，一位资产阶级的贵族是不会被一位中产阶级努力所得来的成功而打动的。在贵族的眼中，这成功根本就不存在，如同易散的浮云一般，看不见，也闻不到。我之所以可以对你这

---

1 克洛德·费瓦尔（Claude Ferval，1856—1943），所著《埃及艳后》兼重史料和文学。

样说，也是因为我并非贵族。但是，如果我是的话，比如说，于泽公爵，或者盖尔芒特公爵，那么也许我会成为一个被后世遗忘、默默无闻的作家。正因为我不是贵族，所以可以冷眼旁观他们的生活，然后写进书里。”

“先生，这是一种报复的手段吗？”

“这么说对，但也不对，塞莱斯特。这样更是为了让我与他们隔绝开来。请允许我用如此粗俗的表达方式：我出名了，但我并不是那种追名逐利的俗人。一位贵族自出生就享有名利，这是由他的出身所决定的，但对于我这样出身于中产阶级的人来说，我必须不断地努力，才能获得名声。”

“但是，他为什么需要名声呢，先生？”

“啊，塞莱斯特，您提出了一个颇具争议的问题。您说得很有道理，并不是所有的人都渴望名声，也并不是所有人都有这样的抱负。以斯万为例，他具备了所有为世人所仰慕的美德，但他却毫不看重这些名声。他唯一的热情就是谈论艺术，取悦那些贵妇太太……以及那些他赛马俱乐部的贵族朋友。这些就足以让他幸福了。然而，我并没有这样的运气。或者说，我没有这样的缺憾。”

雅克·里维埃尔还没有写完他的书，普鲁斯特对此大失所望。不过，里维埃尔请他放心，他肯定会写完的。不过，问题就出在这儿，写完和完成并不是一个概念。他肯定会写完的，会在作品的终结处写上“完”字，这无可怀疑，但是，在“圆满完成”这一概念上呢？这必然是没有的，他以为里维埃尔的作品和其他人的作品不一样。它也将是不止不休的，只有作家本人的死亡才能终结它。在这一点上，只有普鲁斯特才能理解，即便雅克·里维埃尔是个纯粹的文人，但他也很难理解。

普鲁斯特并不是要逃离这些东西：时间的流逝、疲倦、疾病、失眠、晕厥、食欲不振，而是要尽可能地走得远一些，离那个永远无法抵达的终点可以更近一点。它的作品就是利维坦[1]，要保证它能繁衍生息下去，就只能让它吞食自己的内脏。“塞莱斯特，您还记得我常常跟您提及的

1 利维坦（Léviathan），《圣经》中象征邪恶的一种海怪，通常被描述为鲸鱼、海豚或鳄鱼的形状。

那位伟大的昆虫学家让－亨利·法布尔用什么词去形容雌黄蜂的吗？产卵前，它将刺尾刺进毛毛虫每个神经系统的淋巴结中，这样，毛毛虫只会麻痹，而不会死去。这样，它的血肉也能持续保持新鲜，为黄蜂即将产出的幼卵提供食物。”

“当然，先生，您跟我说过，这个真让人恶心，但我知道，这只黄蜂是您亲手创造的，这只麻痹的毛毛虫也是您。您已经被困住、无法动弹好久了，以供养这些嗷嗷待哺的‘幼体’，您自己创作的文学‘幼体’。”

“塞莱斯特，在您我都去世以后，当然我希望您的去世可以来得更晚一些，我作品的批评家、评论家都将涌现。他们也许会心怀真诚，也许会中肯而不失偏颇，也许单纯是要卖弄学问，但那时候就只有您了，塞莱斯特，只有您才最理解我。”

“哦，先生，请让我回到厨房去吧，我不想让您看到我脸红了。”

六月十二日，轩尼诗夫人在费桑德利街八十五号的府邸里再一次举办了一场盛大的晚宴，普鲁斯特也受邀出席了这场晚宴。不过，有人提前告诉过他，这并不是一场高雅的招待会，而是鱼龙混杂，各路人物都有。一位女歌唱家唱了一段古诺[1]的《罗密欧与朱丽叶》:“该走了！唉！该离开这个怀抱了。”穿梭于晚宴上的有那位像穿堂风一般冷冰冰的波利尼亚克王妃，还有美国大使、泰雷兹·米拉王妃、居斯塔夫·施伦贝格、博尼·卡斯特兰、吉什公爵、阿莫里伯爵夫人泰雷兹·蒂尼斯达埃勒，他们就是凡尔杜兰和夏吕斯[2]的重现。普鲁斯特更喜欢的是那些真情流露的人的陪伴，而不是那群毫无人情味的、装腔作势的知识分子。宾客们在他的周围围成了一个圈，说他们都读过或听过他的书，七嘴八舌地讨论着他的作品。尽管普鲁斯特发着低烧，不过他暗自忖度他并未白来。不久，他注意到了一位名叫马塞尔·普雷沃斯特的小说家小心翼翼地靠近这个圈子，他像是孤注一掷般大声呼唤他：“你好，

---

1 夏尔-弗朗索瓦·古诺（Charles-François Gounod，1818—1893），法国作曲家，代表作是歌剧《浮士德》《教宗进行曲》。

2 凡尔杜兰和夏吕斯都是《追忆似水年华》中的人物。

普鲁斯特先生！”普鲁斯特正沉浸在他人的赞誉之中，不想理会这个人，于是假装没有听到。然而，这位法兰西学院的马塞尔·普雷沃斯特坚持站到了普鲁斯特的身后，大声地说：“亲爱的普鲁斯特先生，请您回想一下……”普鲁斯特转过头来，他不想表现得太过粗鲁无礼，对他人的招呼视而不见，但又不想像个仆人一样呼之即来，所以只是转过头。普雷沃斯特说：“这件事不能再改天说了——人们总是弄混我跟您的名字。我常常收到别人寄给您的信件……”

普鲁斯特彻底转过身来：“是的，先生，的确，我们名字一样，但除此以外，我们就没有丝毫相似之处了。”

回家后，他烧得更厉害了。第二天，他向塞莱斯特讲述了这件法兰西学院院士粗鲁地闯入他们谈论、打断仰慕者们的赞美的事情：“他想跟我套近乎，塞莱斯特，就因为我们的名字挺像的，搞得粗心的邮递员都弄混了。但是，我一点儿也不像他，我不会写那种人们在车站坐车时无所事事才读的小说！而且，这个人最近才写了一篇关于斯万的讨厌的文章，他以为我忘了！这些人真是表里不一啊，塞莱斯特。当我有了那么一点名声之后，他们才趋之若鹜地向我伸出友好的手。”

“先生，您为什么这么讨厌车站？”

“塞莱斯特，车站对我毫无用处。它们灌满了穿堂风，对我来说是致命的。”

普鲁斯特试图起床，但他挣扎了许久。比泽医生诊断出他的尿毒症复发了，他觉得可能是因为塞莱斯特在壁炉里生火，通风管道裂开来，房间里烟熏火燎的，所以他才头晕窒息、步履蹒跚。显然，普鲁斯特应该离开这间充满毒气的房间，外出呼吸一下清晨四点的新鲜空气，这样也可以让塞莱斯特彻底地整理房间。但是，想要外出，就不得不一步一步地走向那部电梯，但偏偏他做不到，每走一步，都要因为晕厥而跌倒。

纪德来看他了，指责他最近给加斯东·伽利玛先生写的一封信。信中他抱怨一本美国杂志里的一篇文章，文章揭露了《新法兰西杂志》起初拒绝了《在斯万家那边》，这让他难以忍受。他憎恶他们看轻他，怨恨他们觉得他是追逐上流社会的世俗人。其实，他早就不是这样的人了。但是，纪德以为普鲁斯特忘恩负义、有失公道，毕竟《新法兰西杂志》已经悔改了，也在很大程度上尽力弥补他，并且将要一直出版他的作品。

他一直在完善《女囚》和《阿尔贝蒂娜不知去向》，不断地增补、增补，再增补。

加斯东·伽利玛先生向普鲁斯特提出了一个建议：时装设计师兼收藏家雅克·杜塞[1]打算购买他的手稿和修改过的校样。这件事最终没成，因为普鲁斯特要价太高了。杜塞告诉他，他打算去世以后把所有的收藏品都捐赠给公共机构，普鲁斯特想到了很久以后，研究者或者收藏家都可以随意查阅、比对他的手稿，对他的写作方式做出评判，以此来推测他写作时思想的变化。这种“作者死后写作历程的揭露”，对于普鲁斯特来说是难以接受的。“凭什么，塞莱斯特？我的作品，我的文字，只有我才能仔细审读、删减那些不够好的段落。凭什么他们以为自己可以扮演审

1 雅克·杜塞（Jacques Doucet，1853—1929），法国时装设计师和艺术收藏家。

讯者，扮演我那堆废弃文字堆的搜寻者？我想问问您，这是为什么，塞莱斯特？”

一天晚上，保尔·莫朗来看望他，他逗留了很久。“啊，塞莱斯特，莫朗他爱我，他真的很爱我。”

普鲁斯特给这群认真、快乐的学生上法国历史课：塞莱斯特、奥迪隆、玛丽·吉耐斯特、伊冯娜·阿尔巴雷。他管他们叫“孩子”。（很难想象，虽然没有什么不同，但他却是这个家庭的“父亲”，可不是“父亲”又是什么呢？）维钦托利[1]在阿莱西亚放下武器；人们举起留着胡须的克洛维[2]欢呼胜利，祝贺他加冕为法兰克国王；查理曼大帝[3]抚

1 维钦托利（Vercingétorix，约前82—前46），是高卢阿维尔尼人（Arverni）的部落首领，曾领导高卢对罗马统治的最后反抗，最终在前52年的阿莱西亚（Alésia）战役中败北。

2 克洛维一世（Clovis I，466—511），法兰克王国奠基人、国王。

3 查理曼大帝（Charlemagne，约742—814），战胜了来自东北亚的游牧部落匈奴和柔然人（阿瓦尔人），之后建立了囊括西欧大部分地区的庞大帝国。他引入了欧洲文明，被后世尊称为“欧洲之父”。

摸着一个金发小孩儿的头；圣女贞德[1]穿着甲胄进入奥尔良；布永的戈弗雷[2]；无畏无惧的巴亚尔骑士[3]；路易十一[4]和他的囚室；圣路易[5]在橡树下维护公正，却死于威尼斯的圣战；弗朗索瓦一世[6]和尚博尔城堡的楼梯；投石党运动[7]和战争……

---

1 圣女贞德（Jeanne d'Arc，1412—1431），法国军事家、天主教圣人，被法国人视为民族英雄。在英法百年战争（1337—1453）中，她带领法国军队对抗英军的入侵，最后被捕并被处决。

2 布永的戈弗雷（Godefroy de Bouillon，约 1060—1100，耶路撒冷），下洛林公爵（1087—1096，称戈弗雷四世），布永伯爵（1076—1096）和第一次十字军的将领。

3 巴亚尔骑士（le chevalier Bayard，1473—1524），中世纪时期法国名将，以骑士巴亚尔闻名于世，纵然已过数个世纪，他依然被人们认为是“无懈可击的无畏骑士”。

4 路易十一（Louis XI，1423—1483），法国瓦卢瓦王朝国王，法兰西国土统一的奠基人，又称“万能蜘蛛”“法兰西领土的凑合者”，他吞并了勃艮第公国、安茹公国、普罗旺斯伯国和曼恩伯国等，基本统一了法兰西全境。

5 圣路易（Saint Louis），即路易九世（1214—1270），被尊为“圣路易”，法国卡佩王朝第九任国王（1226—1270 年在位），被奉为中世纪法国乃至全欧洲君主中的楷模，人送绰号“完美怪物”。

6 弗朗索瓦一世（François I，1494—1547），被称为“大鼻子弗朗索瓦”（François au Grand Nez），骑士国王（le Roi-Chevalier），被视为开明的君主、多情的男子和文艺的庇护者，是法国历史上著名而受爱戴的国王之一。他于一五一九年在法国卢瓦尔河左岸五千米外的科松镇修建了尚博尔城堡。

7 投石党运动（la Fronde，1648—1653），一场西法战争（1635—1659）期间发生在法国的反对专制王权的政治运动。

吕西安·都德将要离开巴黎了，他来与普鲁斯特告别，这是他最后一次来访了。都德很激动，他看见普鲁斯特的脸色更加苍白、黑眼圈更加严重了，就像中国留白的宣纸上泼下的黑墨。他想拥抱普鲁斯特：“您这样病重多久了，我的小马塞尔？大概有三十年了，是吗？”普鲁斯特推开了他，他还没有刮胡子，也没有洗漱，隐隐觉得有些不舒服。吕西安·都德只好牵起他的右手，亲吻了一下，随后转头离开，但又折返回来。普鲁斯特深深地看着他，好像知道这将是他们最后一次见面了。

这的确是他们最后一次见面。

普鲁斯特被保罗·布拉奇和埃德蒙·伽卢带到了“屋顶牛”——一间由科克托推动成为潮流的酒吧。莫朗答应要一块儿去的，但临时爽约了。伽卢晚上九点一刻来找普鲁斯特，塞莱斯特给他打好领结，应他要求给他带来热的汤药——依他的口感是要不烫的那种。伽卢穿着晚礼服，因为他待会儿得离开他们去参加另一场晚会。离开前，他向普鲁斯特证实了孟德斯鸠的回忆录《模糊不清的脚步》

将会在格拉塞出版社出版。伽卢正是这家出版社的文学总监，也是这本回忆录出版前第一个阅读手稿的人。他请普鲁斯特放心：他将会删去那些他以为会得罪人的段落。若是普鲁斯特在这本书出版前去世，他可能就无法回答那些猜测了，也不能一遍遍重申：不，夏吕斯并不是孟德斯鸠，他是很多人糅合而成的一个角色。但是还好，他删去了那些段落……

布拉奇的朋友们也来了，其中还包括马来西－默伦伯爵。他们喝得酩酊大醉，和其他顾客们一起讨论着什么人是“靠妓女养活的男人”和“娘娘腔一样的同性恋者”。酒店老板和业主路易·莫伊斯也参与了这场谈话。“塞莱斯特，那个莫伊斯，怕是非法占有这些桌子的。”

“先生，您今晚兴致不错。”

“是啊，塞莱斯特，这有什么好惊讶的。”

一个醉醺醺的年轻人向还未脱去毛皮大衣和圆顶礼帽的普鲁斯特挑衅。更糟糕的是，他还痛骂莱昂－保罗·法尔格的情妇：“你们看，她来了，这个家庭教师！”普鲁斯特绅士地向他挑起决斗，他们交换了彼此的姓名和住址。原来，年轻人叫雅克·德尔加多，住在格勒兹大街。一回到阿姆兰大街，普鲁斯特就急急忙忙地写下一张便条，叫奥迪隆赶紧送出去。在便条上，他提议用简单的击剑进行决斗。奥迪隆回来后，带回了这位德尔加多先生的歉意，他说他当时喝多了，在酒精的影响下才如此肆无忌惮、粗鲁无礼。事情就这样了结了，但普鲁斯特却挺惋惜没有进行这场决斗，因为这可能是他生命中最后一场惊心动魄的决斗了。后来，法尔格告诉他这个喝醉的小白脸不久之后就死去了。

六月的尾声，普鲁斯特去了玛格丽特·轩尼诗·德·芒伯爵夫人举办的一场宴会。在那里，他再一次见到了他从前所钟情的让娜·普凯[1]。不过，那也是他最后一次了。在普鲁斯特还年轻时，让娜·普凯是他第二个钟情的人。他像是守护着她、唯她是从的骑士。为了向她献殷勤，他还专门为她所在的网球队服务，他们总叫他去一

1 让娜·普凯（Jeanne Pouquet），一八九二年，普鲁斯特向加斯东·卡亚维夫人，即让娜·普凯献殷勤。他总是装作对几位贵妇很感兴趣的样子，她是其中之一。

个偏僻角落里的小酒店买清凉的饮料。有时候，让娜坐在椅子上摆出一副公主的姿态，而他屈膝蹲在旁边，怀里抱着一个球拍，仿佛用吉他弹着《小夜曲》取悦她，看上去滑稽而可笑。普鲁斯特喜欢看她奔跑的模样，金色的辫子在空中飞扬……后来，让娜嫁给了一位她应当嫁的男人——阿尔芒·德·卡亚维，也是普鲁斯特要好的朋友。正是在这个一九二二年的晚春，他们在伯爵夫人的家中重逢了。晚会结束后，宾客们都悄然离开，普鲁斯特请她多留一会儿。她问他："但是为什么呢，马塞尔？""不为什么，让娜，我就是想和你聊聊。追忆过去的时光，悼念离开的朋友，怀想逝去的情感。我们可以回忆卡堡[1]'大旅馆'前那片大海上的退潮，还有坐落在那儿看尽时光变迁的旋转门，不是吗，让娜？就像一个旋涡，就像……我太伤心了，让娜，这是我们最后一次见面了。是的，是的，你先

1 卡堡（Cabourg）位于芒什海峡"花岸"(côte fleurie)，在迪沃河入海口。十八世纪末还是个荒僻的小渔村，今日已成为一座希腊罗马古剧场风格，呈扇形辐射的袖珍花园城市。雄踞市中心"卡西诺花园"的豪华宫殿式建筑是始建于一八六二年的"大旅馆"(Grand Hôtel)，门前一块牌匾上摘录着《追忆似水年华》的章节。

别反对，这肯定是我们最后一次见面了……”他问她是否可以用自己的车送她回家，让娜婉言拒绝了他。她问他下次是否可以再约出来见一面，或者某个夜晚她去他家拜访，但普鲁斯特也拒绝了她。“这不可能的，让娜，但请不要为我的决绝而感到被冒犯。我有很多紧急的工作需要去完成。再说，你看我气色还不错，但其实我已濒临死亡。如果你要过来看我，塞莱斯特肯定会告诉你，若是我告诉你别来，但你还是来了，这会让我很不舒服。你肯定不希望我不舒服的，对吗？我从前多么喜爱那个小让娜啊，那时她为了接网球而飞奔，金色的辫子在风中飞舞……”

这些日子，装饰艺术博物馆进行了一场“法兰西第二帝国[1]时期的生活装饰”的展览，六月十日那期的《画

---

1 法兰西第二帝国（Second Empire），由波拿巴家族路易-拿破仑·波拿巴在法国建立的君主制政权，于一八五二年十二月二日建立，一八七〇年九月四日被法兰西第三共和国取代。

向让娜·普凯献殷勤的普鲁斯特。

报》[1]刊登了一篇莱昂德尔·瓦扬的《裙衬时期》，翔实而生动地展现了这场展览上的一幅绘画作品——詹姆斯·迪索[2]的《上流圈》[3]。如果普鲁斯特的朋友保罗·布拉奇的目光只是扫过这幅画的话，那么这幅画背后的一些逸事于他而言不过是些趣闻罢了。他站在画前良久，看看自己是否能够辨认出这画中两三个人物。其中一个人吸引了保罗·布拉奇的注意力。他和周围其他十一位重要的贵公子一样引人发笑，但他离得稍微有些远，靠近门框，笔挺地站着，唇边留着红棕色的精致小胡子，肩上扛着一根颇像是浪漫派的纨绔子弟用的拐杖，头戴

1《画报》（*L'Illustration*），一八四三年创刊的法国著名周刊，总部设在巴黎九区圣·乔治大街十三号。在十九世纪新闻插画时代，它曾包揽全巴黎最好的插画家，进入二十世纪后又最早一个登出了新闻照片。到二十世纪三十年代，每期三十五页、售价三十五法郎的这本百年老刊仍是法国很有影响力的读物。

2 詹姆斯·迪索（James Tissot，1836—1902），法国新古典主义画家，早期作品以上流社会生活为主题，后期以《圣经·旧约》的宗教启示为主题。

3 这幅画叫《上流圈》或《高富帅俱乐部》（Le balcon du Cercle de la rue Royale en 1867），十二位贵公子一人出了一千法郎请来迪索作画，最后以抽奖的形式决定画的所有权。

亮灰色的大礼帽。他便是查尔斯·阿斯[1]，像极了普鲁斯特笔下那永垂不朽的文学形象——查尔斯·斯万。保罗·布拉奇向普鲁斯特模糊地形容了那幅画，倾听中的普鲁斯特没有忽略那些站在玛桑阳台上的贵公子的着装。一个月前，吕西安·都德与他谈论起画中的其他人，例如拉乌侯爵和憨态可掬的埃德蒙·德·波利尼亚克，说拉乌侯爵已经接替了他母亲阿尔方斯·都德夫人在波旁宫学院路四十一号的位置。最后更重要的一点是[2]，他提及了“阿斯先生特别像斯万”。普鲁斯特很激动，他让塞莱斯特拿来刊登着画的剪报。他现在才认识的这些混迹于上流社会圈、或多或少有些名气的贵公子，却早已预先被写进了书中，尤其是那位有血有肉、真实存在过的阿斯先生。他便是存在于历史中的斯万，那位爱恋着奥黛特的斯万。

---

1 查尔斯·阿斯（Charles Haas），顶级赛马俱乐部里唯一的犹太人，《追忆似水年华》中斯万的原型之一。

2 原文为英文，“last but not least”。

詹姆斯·迪索的《上流圈》，最右戴着灰色礼帽的便是查尔斯·阿斯——查尔斯·斯万的原型。

在这个一九二二年的夏天，普鲁斯特重病缠身，死亡已然近在咫尺。疲惫的他混淆了现实与虚构，混淆了阿斯与斯万，也混淆了画中的世界与书中的世界。说他产生了混淆，是因为人们没有理解：他在书中为斯万增添了詹姆斯·迪索的绘画中所呈现的阿斯的外衣；普鲁斯特又记不起阿斯的名字，于是他叫阿斯为斯万，这其实并不是混淆了阿斯和斯万。一八六七年，当迪索画下《上流圈》这幅画时，普鲁斯特还未出生，所以这画并没有他的一席之地。那会儿是“斯万的爱情”。

那晚，他让塞莱斯特捡起掉落在床底下的笔，好继续“纸卷”工作。《女囚》一书平摊在竹桌上，他一边增添着新的内容，一边念叨着：

然而，亲爱的查尔斯·斯万……在迪索描绘王家街联谊会的阳台这幅画中，您在加里费、埃德蒙·德·波利尼亚克和圣－莫里斯中间，人们在谈这幅画时之所以经常谈到您，那是因为人们看到，在斯万这个人物身上有您的某些特征……

这一段中有两处奇怪的地方说明普鲁斯特越来越疲惫不堪了。一处是："在斯万这个人物身上有您的某些特征。"换作以往，普鲁斯特肯定会说："在斯万这个人物身上有您的某些特征，阿斯。"另一处是："人们经常谈到您……"换作以往，普鲁斯特会说："在哪里谈到，在画中吗？人们又是谁？画中有谁会谈论到您呢？不，画是无声的。反倒是在一九二二年的这个夏天，人们会在小道新闻中谈论到您，查尔斯·阿斯，因为迪索的画中有您，而这幅画最近几周在玛桑阳台展览。"吕西安·都德和保罗·布拉奇会在他周围不停地说着这些小道消息……

夏天过去了（但"夏天"这个词对于普鲁斯特来说已经没有任何意义了：他只有"白天"与"黑夜"），头晕目眩一直侵袭着他。只要他准备入睡，房内必须保持绝对的安静。他哮喘得厉害，比泽医生给他注射了一些药物以缓解哮喘，此外还注射了一些激素以刺激心脏和肌肉，并嘱咐他多多休息。休息当然是件乐事，但他的书还没有完成啊。他烧得越来越厉害，咳嗽不停。比泽医生又过来给他做了个检查，结果诊断出他患上了肺炎。比泽通知了罗贝尔·普鲁斯特。

他不再进食，终日躺在床上，醒来时浑身是汗。他让塞莱斯特给他准备好备用的毛巾、衬裤、睡衣，不然被子一掀，冷汗就能让他着凉。这天，为了量身材尺寸，他又把脖子给扭了。

雅克·波雷尔总是好点子不断：他想介绍塞纳－马恩省的盖尔芒特城堡的真正业主莫里斯·霍廷古夫人给普鲁斯特认识。普鲁斯特就可以问问她“盖尔芒特”这个词的来源，而霍廷古夫人很想见见《盖尔芒特家那边》的作者。

从前，瓦尔特·贝里是普鲁斯特的书迷，如今已是他的朋友了。贝里从贝兰书店给他寄来了一本讲盖尔芒特徽章的书。

普鲁斯特觉得以这副卧病在床的姿态同夫人见面是不行的，他摇铃叫来了塞莱斯特，说：“塞莱斯特，劳烦您给我拿来《在斯万家那边》的样书，翻到‘我’说起在盖尔芒特夫人的城堡里受她影响做梦的那一页。您知道的，就是‘从没有散步到盖尔芒特……’等。您在这张扶手椅子上坐下来，给我念念这段话，从‘我们也从来没有……’那里开始。”

我们也从来没有能一直走到我非常想去的终点：盖尔芒特。我知道，那是领主盖尔芒特公爵和夫人的府邸；我知道他们是实际存在的真人，但是，一想到他们，我就时而把他们想象成壁毯上的人物……

“再多读一些，多读一些……”

……时而，我把他们想象成完全不可捉摸，跟盖尔芒特家的远祖，热奈维埃芙·德·布拉邦特的形象一样——幻灯曾映照她的形象驰过我房内的帘帐，或者登上房内的天花板……

“再多读一些……”

……他们总裹着中世纪神秘的外衣，像受到夕阳的沐照似的，沉浸在“芒特”这两个音节所放射出来的橘黄色的光辉之中……

“再多读一些，读下一段，开头是‘足以容纳下……’”

……足以容纳下他们的爵号后面那个显赫世家的姓氏——盖尔芒特，容纳下“盖尔芒特家那边”所有的一切……

“再多读一些：‘我想入非非……’”

我想入非非地仿佛觉得盖尔芒特夫人一时心血来潮，对我钟情，邀我去玩……

“再多读几句……”

她要我说出我刻意经营的那些诗篇的主题。这类梦提醒了我：既然我想有朝一日当名作家，现在就该明确打算写什么……

“就停在这儿吧，塞莱斯特，谢谢。我想确认的就在这里：盖尔芒特家族的关系、盖尔芒特这一名字和‘我’想成为作家这一愿望……可是，太可惜了，我不能在塞纳－马恩省真正的城堡里见一见领主夫人本人，这里离贡布雷很远。而且，塞莱斯特，通过这次会面，我很有可能会开始我的新生活，开始书写全新的作品。我不会告诉盖尔芒特领主夫人的。很久以前，当我开始着手写《在斯万家那边》并梦想着有一天我可以成为一名作家的时候，我多么想见一见那位真实的盖尔芒特领主夫人，我多想走进她的家中，给她看看因为她的名字而给了‘我’写作灵感所写下的篇章。”

“这已经是现实了，先生。您已经是一位作家了，这一点您无法否认。您战胜了疾病、疲倦、迟疑，战胜了我们内心深处无法触及的地方，战胜了我们对逝去的年华无可避免的遗忘。您的光辉照亮了这段过往的岁月，使它展现在人们的眼前。您在写《在斯万家那边》的时候，就已经是一名作家了。”

“是这样的，塞莱斯特，您说对了。您是如何想到这个远见卓识的？是您的家乡洛泽尔赠予您的吗？是从您的祖先德鲁伊教祭司[1]那儿继承而来的吗？”

九月初，普鲁斯特再一次拿起了第二次印刷的《女囚》文稿。上个月，《新法兰西杂志》刊登了一篇文章，将普鲁斯特比作爱因斯坦。他为这恰当的比较而感动。他将这篇文章的刊载告知了周围所有人，首先就是侄女苏西和苏佐公主：告诉苏西是因为她是他晚辈（告诉她其实就是间接告诉了弟弟罗贝尔，因为他有时候怀疑罗贝尔根本不相信）；告诉苏佐公主是为了荣誉。“塞莱斯特，在终结作品

1 德鲁伊（Druid）这个单词的原意是“熟悉橡胶树的人”。在历史上，他是凯尔特民族的神职人员，主要特点是在森林里居住，擅长运用草药进行医疗，橡果是他们崇拜的圣物。

之前就死去实在太让我难受了。您想，爱因斯坦仍旧享誉世界，而我呢？英国人发现我是巴黎马球俱乐部的成员，因而想要一张我骑在马上玩马球的照片，多么荒唐！塞莱斯特，您知道吗？我觉得人们开始逐渐遗忘我了。我最近就跟一个朋友说：人是多么容易记住另一些人，然后又是多么容易遗忘他们……这太令人伤心了，不是吗？我也渐渐不常说：'把你们淹死在狗屎堆里。'"

在塞莱斯特的印象中，普鲁斯特从未这样说过话。她惊讶于这些句子从普鲁斯特的嘴里冒了出来，无所适从。她想，也许那时普鲁斯特已经滥用药物，总是弄错剂量，彻底糊涂了吧。

他越来越神志不清了，也许是因为壁炉的裂缝之中泄漏出了一氧化碳。他应当多出去呼吸一些新鲜空气，要不就去请苏佐公主吃顿晚餐？但他害怕自己没有走到楼层电梯口的力气了。他终日头昏眼花、晕头转向，死亡已经触手可及，就像晚上巴尔贝克[1]"大旅馆"前涨潮的大海。可

---

1 巴尔贝克（Balbec），《追忆似水年华》中的虚构之城，据推断这座虚构之城的原型就是法国芒什省冈市附近的卡堡。

是，为了修补《女囚》，他又不得不摄入肾上腺素和咖啡因保持清醒，这让总是劝他休息的比泽医生很恼火。

这天，罗贝尔·普鲁斯特刚刚度完假，晚上就过来了。他带来了一个让人愤怒的消息：他在所有经过的车站都看到展示的图书封面包装上印着“《新法兰西杂志》出版”，别的他没太在乎，但是没有一本书印着“普鲁斯特”的名字。“您听清楚我说的话了吧，我的小马塞尔？一本都没有，每个车站我都找过了、问遍了，都没有。普鲁斯特、普鲁斯特、普鲁斯特，我问所有的书店老板：有这个人的书吗？我甚至还叫苏西和玛尔特帮忙找找，但一无所获。哪里都没有，整个车站，就只有我们在苦苦寻找着普鲁斯特的作品！”一个编辑也许会为了一位作家的作品而疲于奔命，但这是不够的。罗贝尔在车站看到了，《新法兰西杂志》在推出的作品包装广告上写着：“随身携带、方便旅行”，但却没有为可怜的普鲁斯特打任何广告。整个旅途中，甚至都没有人提起普鲁斯特的名字，这足以说明他的编辑太不把他的名字放在眼里了。

罗贝尔很清楚，他之所以要告诉他兄长此事，就是为了要帮他活下去，这能让他恢复食欲、接受治疗、偶尔外出，然后积极地去面对生活。而后，他将写一封信给加斯东·伽利玛先生，他将会继续抱怨、指责、泄愤，这对于他的恢复是有好处的。伽利玛也将会回复他，给他一个合理的解释，他的书以及其他类似的作品，是不应该放在车站售卖的，它们值得更好的地方。“您的书配得上更好的地方，我亲爱的小马塞尔！不要贬低自己，您应该区分得了属于车站的快销书和属于书店的经典文学作品吧？我亲爱的小马塞尔，冷静点，别混淆了那些粗制滥造的蹩脚文章和那珍贵的绣上了您名字首字母的纸页。您好好想想，二十年后，五十年后，一百年后，当你我都不存在于这世上的时候，书店里仍旧会展示的、瑟里西－拉－萨勒和其他学院会举行的学术研讨会的主题，或是法兰西公学院[1]课程的教授内容，到底是现在摆在车站的那些看完就扔的书，还是马塞尔·普鲁斯特的书呢？”

“您说得很有道理，我亲爱的加斯东。现在，我们的想

1 法兰西公学院（Le Collège de France），亦可称为“法兰西公开学术院”，法国历史最悠久的学术机构，由法国国王弗朗索瓦一世创立于一五三〇年。

法达成一致了。”

“太好了，您可以告诉您那位医生弟弟，他关心自己的病人和学生就够了，还操心您的书做什么？难道我也要去关心医学吗？”

晚上，普鲁斯特把这些都告诉了塞莱斯特：“您觉得这样有意思吗，塞莱斯特？请坐，我们俩好好聊聊这件事。”

“先生，和您有关的事情我都很感兴趣。”

“那您怎么看待这件事情？我知道您对每件事情都有自己的想法，不管是否有理有据，但至少有自己的想法。在这种事情上，您的看法往往都很有道理，所以我很想知道您的想法。”

“呃，好的，先生。既然您要问我心里的真实想法，那我就向您倾诉我的真心话：您不觉得和别人比较就是在贬低自己吗？我觉得，只是我个人这么觉得，如果一个人对自己的做法很有把握，那么他就不会太在乎别人是怎么想的，也不会想着和别人比较。人是独立存在的，是为了自己而存在的。别人怎样对我们来说并没有那么重要，根本就没有必要把他们当作竞争对手，尤其是那些平庸之辈。

先生，和平庸之辈较量，只不过是徒增烦恼罢了……我还要继续说下去吗，先生？”

“继续说下去，塞莱斯特。您的话有点刻薄，但我既觉得十分欣慰，又觉得十分惊讶。”

“好的。比如说，您的同行作家在公路的汽车上、海上的轮船里、火车站的站台上、街边的报刊亭里、巴尔贝克海滩的帐篷中拥有大量的读者群，但那又如何呢？他们的编辑就真正看重他们、善待他们了吗？不把书放进书店里售卖，先生，这难道不也是一种贬低吗？既然您态度温和，并且很想听听我真实的想法，那么我就向您提个问题，您为什么觉得不公平？”

“那您怎么看待伽利玛先生关于我作品的预测呢，塞莱斯特？您觉得他是真诚的吗？”

“先生，他预言您的名字会比现在这些大红大紫的名字流传得更要久远，我相信他的话是真诚的。”

“您看，塞莱斯特，您是了解我的，我一直很赞赏您的睿智。但说真的，您今天的一席话让我很吃惊……我要好好考虑考虑您说的这些话。也许那些极具天赋的人从不会拿那些无法与自己相提并论的人比较，他要战胜的是自己：自己的怠惰，自己对自己的智力和能力的怀疑。超越别人又有什么呢？……但我还有一个问题，塞莱斯特，有关于我的名字在我死后是否会继续流传下去……我在书中关于斯万的部分写过这个。斯万的名字、阿斯的名字，还有于泽斯的名字——仅凭其头衔不会比其他贵族的名字流传得更为久远……”

“那么，您的结论是什么呢，先生？”

“这个结论太悲观了，希望这不会让您感到惊讶。处于资产阶级的那些人名也许会被转瞬即忘，贵族们的名字也许会稍稍流传得久一些，但后世的人们对他们不会太有印象。至于我，我的名字也就比他们传承得久远一点儿。即便如此，我们终究逃脱不了湮没在滚滚历史长河中的命运。塞莱斯特，此时此刻，我的这一场悲剧是多么可笑。即使我们的事业是多么崇高，但却无关于我们那幸或不幸的爱情、我们的快乐，还有光荣的梦想，以及眼下这碗我让您拿来的很烫的汤药。我觉得我现在说的这些一定让您疲惫不堪了，塞莱斯特，我担心您没有耐心再继续忍耐我了。

但在此之前，我还有一个问题：我们还从没有这样谈过话吧，我跟您？”

“可能没有，先生。”

“塞莱斯特，您要理解，喝的这些药让我说话颠三倒四、旧话重提，让我又回到斯万家那边、盖尔芒特家那边。今晚，当和您再次谈起斯万的名字、笼统的名字，以及我的名字，肯定会谈到光荣和死亡。可能会先谈光荣，再谈死亡，或者反过来，先谈死亡，再谈光荣。就像忒提丝预言她的儿子阿喀琉斯致命的弱点就是他的脚踝，他光荣的代价总是伴随着早逝的威胁……塞莱斯特，我现在有一种似曾相识的感受。这种感受和我的一个亲戚柏格森曾经跟我说的一样，根据一位著名的维也纳医生提出的说法：这种感觉就像我刚出生见到妈妈。我觉得妈妈从未离去。很明显，每个孩子一出生都会看到自己的母亲。可以说，因为孩子的出生，才让女人成为母亲，不是吗？就算婴儿立刻被交给奶水充足的乳母，他还是看到了自己的母亲。您怎么看呢，塞莱斯特？”

“我不知道，先生，这是个很奇怪的想法，有一点儿……怎么说呢，不着边际。”

“您又要说我对母亲的贪恋了，是吗？”

“根本不是，先生。”

“我让您觉得厌烦了吗，塞莱斯特？”

“一点儿也不，先生。正好相反，听您说话我并不会觉得厌烦……”

“我又要开始说些陈词滥调了，塞莱斯特。您真是一位下凡的仙女，奥迪隆运气真好。有您在我身边，我的运气也很好。您就像我以前的妈妈。”

哮喘又犯了，他头昏脑涨，彻底无法工作了。比泽医生给他皮下注射了肾上腺素和垂体提取物。他不再睡眠、不再进食，呼吸都很困难。他一边咳嗽，一边口授塞莱斯特记下几行字。他的脑海中总是飞舞着那些土居的黄蜂。“您还记得哪里写了这种黄蜂吗？”“在《在斯万家那边》里。”他让塞莱斯特拿来已经出版的几册书，用手颤颤巍巍地抚摸着。如今，这些才是最重要的，这个不可以写在给加斯东·伽利玛先生的信中，这些书就是土居的黄蜂产下的幼卵："我像土居的黄蜂一样蜷缩、失去一切。除了为我的书提供永久流传的精神实质，我不再关心其他，我做不到继续存在了。"他要了汤药，"但是，塞莱斯特，记得这碗汤药要比之前的烫。拿来新的羊毛衫，再来一点儿美味的波尔图甜葡萄酒，味道要像波利尼亚克伯爵说的那样像牛奶。我还要里兹酒店的一个桃子和一个杏子，让奥迪隆立即去取。对了，我刚才有说要汤药吗，塞莱斯特？干脆不要了，我不太想喝了。"

十月初，一个雾蒙蒙的夜晚，他应邀去了位于迪多克大道上的埃蒂安·德·博蒙家。他果然因外出而患上了感冒，还发烧、咳嗽、呼吸困难，可能还患有支气管炎或者肺炎。回来后，他裹着大衣躺在栗色的扶手椅上，连衬衣的硬胸也没有脱下，帽子、手套都没有摘下。即便这样，他还冷得直哆嗦。他说："死亡在追赶着我，塞莱斯特。我没有时间寄出改好的手稿了，可是伽利玛先生仍在忧心忡忡地等待着我。死亡在追赶着我，可我还没有完成。"普鲁斯特并没有说："我结束不了这本书了。"而是说："我还没有完成。”“结束”是容易的，这是可以做到的，而“完成”则是另一回事了，完全是另一回事。与“结束”的标准是不同的，因为“完成”是永无止境的，“完成”没有尽头，永远也没有“完成”这个时刻。不管普鲁斯特的生命在何时终结，他都无法“完成”这本书了，永远都不会了。

“那么，先生，与其这么无限延长下去，您为什么不结束它呢？”塞莱斯特是唯一几近可以理解他的人。她也知道，普鲁斯特说的不是“结束”，不是指在书的最后一句话后写下“完”字。只有外在的死亡才能彻底结束作品，不然，作品便会无穷无尽地衍生下去。普鲁斯特心里很清楚，他不是在逃避死亡，而是想要让作品再衍生一些、再扩大一些、再发展一些，让作品因为内涵的丰富而被后世所品味和记住。就像让作品永远停留在高山的向阳之处，沐浴在阳光下。“一定会有人说，塞莱斯特，您一定来自山区吧？那您会知道，人们都希望在山的向阳面生活。至于背阴面，就像是生活糟糕的那一面，人死以后就不会再有糟糕的事情了，所以这一面并不重要。”

“您的作品会比您活得更久，先生。您的作品会印着您的名字，让您的名字万古流长。”

“……”

“先生，请允许我这样说。以教堂为例，诚然，教堂建筑本身的辉煌让人震撼（如果不考虑建筑过程中牺牲的无数条性命的话）。但一直以来，几个世纪里，人们都不断地思考着，这就是人生，对吗？教堂的建筑师几个世纪以前就不在世上了，人们甚至都忘了他们的名字，可他们的作品仍旧凝结在那里，如同仍旧活着一般，颤动着，呼吸着。”

“去睡觉吧，塞莱斯特。您今天让我精疲力尽，我还有工作，亟待完成的工作，完成不了的工作。”

直到清晨，普鲁斯特还在写着《阿尔贝蒂娜不知去向》。翌日，比泽医生被叫了过来，他劝普鲁斯特吃点儿东西，但普鲁斯特却只喝里兹酒店的啤酒。比泽医生让也在这里的罗贝尔·普鲁斯特劝劝他哥哥，说在皮奇尼大街上的马约门广场旁边有一家养老院，马塞尔不妨去那儿过着被细心照料的生活。马塞尔生气了，他不想再见到罗贝尔，还威胁说如果罗贝尔继续折磨他，他就从窗户上跳下去。“您听清楚了，小罗贝尔，我就把话告诉你了：我不要离开这间房间，也不需要除了塞莱斯特以外其他的护士，只有她懂我。”两位医生离开以后，他命令塞莱斯特别再打电话给比泽医生、他弟弟、他朋友，或者其他任何人，也不准接待任何人了。“您听清楚了，塞莱斯特，我说的是任何人。我也不要打针、不要樟脑油、不要任何其他药物了。答应我，塞莱斯特，向您认为的最神圣的物品起誓。来吧，向您脖子上挂着的圣女章起誓。这是不是我们美丽的奥黛特·德·克雷西佩戴的拉盖圣母院里的圣女？那时候，斯万还让她对着这枚圣女章起誓她绝对没有和其他女人有染。塞莱斯特，壁炉里别再添火了，让我安静地工作吧。就这样，让我清静点。”

又一个“清晨”，其实是下午四点的时候，普鲁斯特摇铃了。铃只响了一次，塞莱斯特就两手空空地过去了。她先是有些惊讶，因为他还没有开始熏烟进行治疗。他微笑着朝向她，跟她说“您好”。这跟以往不一样，喝咖啡之前，他一般是不会与她交谈的。他昨晚经历了一件大事："我写下了'完'字了，塞莱斯特。现在，我可以死去了。"

"哦，太好了，先生。但是，我想您应该还有很多事情需要去做，您还需要修改、增补，我想您还需要把各种各样的小纸片粘上去。"

"您很有远见，塞莱斯特，这就是您对我来说特别珍贵的原因。至于别人，他们就像针一样在刺痛着我。是您顽强的精神才让我一天一天坚持了下来。您说得很有道理，我还不能死，我们还有工作，我和您，我们还没有完成。我问你，人，会完成一座教堂吗？即便是建好了，人们难道不是还要给这座教堂增添各种物品和装饰吗？比如，中楣、彩绘的玻璃窗、柱头、偏祭台、排水管、蔷薇花饰。"

就身体里的肺炎双球菌，普鲁斯特请教了雅克·里维埃尔的那位医生兄弟。他对普鲁斯特的身体状况不是特别清楚，所以反而会实话实说。

普鲁斯特一直在拉肚子。他叫塞莱斯特为他做一份果泥，要桃子的，不要梨子的。他还叫她拿来小苏打。他用短笺和她交流，潦草地把一些话写在一打纸页的第一张上，例如信纸或者是信封的背面上，现在这些都已经井然有序地叠好了。“塞莱斯特，果泥上不可以有头发，那些止鼾喷雾拿来之前稍稍温一下……至于您，吃点药吧，如果您感冒了，还能防止传染给我。或者如果我和奥迪隆感冒了，还可以防止我们传染给您……再给我拿点阿司匹林吧，我发烧了，觉得自己烧得很严重……肯定是您拿来的那些衣服让我咳嗽的。它们没有我向您要求的那样暖和，而且还有一股令人恶心的刺鼻味儿，这对我的身体不好。您对这些衬衣做了些什么？我咳得这么厉害，肯定都是因为您，您难道不知道您从外面带来了有害的疫气？再给我拿一件羊毛衫来，记得围在热汤壶上……立刻给我拿点醋来，我想要点醋，立刻拿一勺醋来。我还要一份四季豆沙拉，立刻，现在……我吃的东西都吐出来了，但还是要立即拿来我需要的东西……我上次喝的啤酒叫什么？去问问您的丈夫……这是什么挥之不去的烧木头味儿？不是没生火吗？立刻去厨房确认一下。希望您给我念一下波尔多医学院的马克·里维埃尔医生的话。等等，您说什么？双球菌？葡萄球菌？肺炎球菌？是这个吗？他说这个需要注意什么？……医生们都是同谋：我弟弟、比泽、巴宾斯基，再加上这个马克·里维埃尔，这群人都是一伙儿的，串通一气，好说服我让我接受自己是一个已经只能卧床养病的人，这样他们就能随时随地给我打针。这太遭罪了，塞莱斯特，只有您清楚我是谁，也很清楚人们其实也没有那么仰慕、赏识我……总之，我现在应该积极地创作《阿尔贝蒂娜不知去向》。我想说……我该拿阿尔贝蒂娜怎么办呢？我想问问您，塞莱斯特，就如您所见我所处的状态来看……去吧，就留我一个人。您是一个无可救药的健谈者，但我们应当稍后再交谈，至少……”

十月底，雷纳尔多·哈恩来探望普鲁斯特，恰逢罗贝尔·普鲁斯特从电梯里走出来。两人在大楼门口的门房前聊天，门房拉起帘子，歪着头偷听。“不，”罗贝尔说，“我兄长没有什么太严重的病。肺炎球菌，这需要好好注意。不过，马塞尔太固执了。问题就出在这里：他拒绝任何治疗。

他也不想听到任何人说把他送进医院里，也不要别的护士来家中料理。就算塞莱斯特竭尽全力照顾他，可她毕竟无法做到周全。我甚至寻思着，这么年轻的女士是如何做到现在的，她就像她家乡的山羊一样勇敢而又强壮。无论如何，只要马塞尔答应，他的比泽医生和我都会为他量身打造一套基本而又简单的治疗方案。然而，我们现在都习惯了他病情的强烈发作。再晚一点儿，怕是真的就不行了……”

“他可怜的母亲去世前也是这样。她在任何事情上都会让步，接受了各种治疗，您想……”

“我只能指望您了，亲爱的雷纳尔多。他很信任您，希望您能劝他接受治疗，这样还来得及。如果对疾病不加任何治疗任其发展的话，就算不严重，也会变得像他那样严重。我治疗的玛丽·罗兰珊[1]也是这种情况，但我治好了她。您知道，我在想……”

十一月初，雅克·里维埃尔给普鲁斯特寄来了他的小说《爱人》[2]，他在献辞上把这本书献给了他。但是，普鲁斯

1 玛丽·罗兰珊（Marie Laurencin，1883—1956），法国女画家。

2《爱人》（*Aimée*），短篇心理学小说，于一九二二年出版。

特没能读这部小说，塞莱斯特自作主张地替他表达了谢意。她像普鲁斯特会做的那样，把手放在火边取暖，然后模仿着普鲁斯特式的尊重和语调写下：“马塞尔·普鲁斯特先生什么都不知道，他不知道您给他寄了书过来。如果他身体恢复了，请相信，没有什么会比《爱人》更加吸引他，他以前就很喜欢读书。”虽然拼写有误，但塞莱斯特还是极好地表达了普鲁斯特的风格。不过，后面这句话就没什么意义了：“如今，他收到了这本书，那么换作从前，他会如何阅读呢？”她其实是想说：“如果是在从前，普鲁斯特会在第二天就读这本书。”

几天后的一个晚上，夜已深沉，里维埃尔匆匆忙忙地来到了阿姆兰大街。塞莱斯特向普鲁斯特报告了这件事，他现在可以接待客人了。里维埃尔是来拿《女囚》手稿的最终版本以及《阿尔贝蒂娜不知去向》中补充的部分。普鲁斯特希望《新法兰西杂志》出版社出版的是最终版本。里维埃尔觉得，普鲁斯特所交付的增添内容实在太长了，如果硬要加进这些内容，就必定删去一些，因为版式都已经排好了。普鲁斯特对这个意见极为不满，多十行或者少十行，很能影响书中人物的一生、灵魂、苦难和贫穷的表达效果。最终，他们才相互妥协达成一致。在里维埃尔准备离开时，普鲁斯特对他说：“代我向亲爱的加斯东、特龙什、纪德和波朗告别。”

“我不会忘记的，亲爱的普鲁斯特先生，您肯定还有很多机会向这些热爱着您、信赖着您的人说话的。”

“是的，是的，雅克，就像公爵夫人的红皮鞋……”

“什么？”

“没什么，让我一个人待着吧。”随后，他摇铃叫来了塞莱斯特。

第六章

这天是他去世的前一天，普鲁斯特觉得自己的身体状况还不错。前些日子，他不愿意吃任何食物，喘不上气，喉咙中总有痰。塞莱斯特给他拿来了热牛奶，但他碰都没碰。她还给他拿来了一盏茶，他也只抿了一小口。塞莱斯特细心地给他烹饪了充满爱意的水果泥、土豆泥和水果馅饼，他同样也没吃。他反而更愿意喝里兹酒店里的冰啤酒。那个晚上，奥迪隆跑了十几次，直到那家位于旺多姆广场[1]的里兹酒店厨房都关门了，普鲁斯特只愿意吃这里的食物、喝这里的饮品。

晚上八九点（但对他来说是早上，因为他总是在下午醒来），他弟弟过来看他。这次，他不是以神圣的医生或者医学教授的身份来的，他只是他弟弟，所以普鲁斯特很平静，看到罗贝尔也很高兴。他突然胃口大增，摇铃叫来了塞莱斯特，说他想要一份带着柠檬、涂上一层蛋黄的油煎箬鳎鱼，以及一份油炸薯条，现在就要。这些食物是他妈妈健在的时候，每当他从病中康复，就会想吃的。马塞尔又摇了一次铃，罗贝尔就是在这个时候来的，他又要了一份箬鳎鱼。“好的，先生，再来一点儿箬鳎鱼。早这样多好啊。”

这时，敲门声响了起来。塞莱斯特急忙去开门，门口站着一位头发金黄、高大英俊的年轻男人，她从未见过这个男人。她跟这位站在里门和外门之间的年轻男人闲谈

---

1 旺多姆广场（La Place Vendome），为了纪念法国国王路易十四世的光辉成就，由建筑师于勒·阿尔杜安-芒萨尔（Jules Hardouin-Mansart）设计兴建。里兹酒店位于该广场。

了一会儿，摇铃声从尽头的房间里传来。他说他叫恩斯特·福斯格伦，或者某个跟这个音类似的名字，他想见罗贝尔·普鲁斯特先生。从他不清不楚的含糊表达中，罗贝尔大概明白了这个年轻人住在里维埃拉酒店，但今晚他不住那儿了。他本来是在等罗贝尔先生的，但罗贝尔来这儿了，他白白从晚上十一点等到了第二天早上三点，这让他很是不快。罗贝尔本就恼火他不请自来，这下更不愿意见他了。这个年轻人低声咒骂了几句。

离开前，罗贝尔·普鲁斯特让他兄长答应，一定要让塞莱斯特时时刻刻陪伴在身旁，不管白天还是黑夜。塞莱斯特一直把他送到了门口，遗憾地跟他说普鲁斯特不吃箬鳎鱼了。他告诉她是他叫马塞尔别吃了的，经过这么多天的绝食，突然暴饮暴食不是什么好事儿。“好的，”塞莱斯特说，“不过，是从什么时候开始，用绝食来治疗绝食的呢？”

午夜，普鲁斯特摇铃叫来了塞莱斯特，让她待在身边。他让她坐在那把专为少数几个访客准备的扶手椅上，说要口授给塞莱斯特一些补充的内容让她记录下来。他要补充的是为贝戈特之死，以及为其他垂死之人再添一些“让人难以相信的无聊琐事”。他们像孕妇般要香槟或者草莓，但孕妇催生的是新生，而他们腹中怀着的却是死亡。阿尔贝蒂娜要的冰激凌的味道需要做些补充，可能跟奥迪隆从里兹酒店里拿来的冰激凌是一个味道——草莓或者覆盆子口味的。“塞莱斯特，要一字不落地写下我所说的。”塞莱斯特需要将玛丽·舍科维奇之前送给普鲁斯特的打火机还回去，这打火机是她从前线回来的弟弟送给她的礼物，“塞莱斯特，劳烦您送回去，请写：‘亲爱的玛丽，您是否记得在我书里发现的打火机？’”事实上，这款打火机是战争年代非常流行的款式，他曾在书中写过：“用两个英国铜板制成的打火机，一个军人待在防空壕里使铜板上生了漂亮的铜绿，上面的维多利亚女王侧面像仿佛是皮萨内洛雕刻的。”之后，他让塞莱斯特将从前表亲玛丽·诺德林格送的水彩画转赠给雷纳尔多·哈恩；再给比泽医生送去一束花，不，送一篮花；再给莱昂·都德送一篮花，更确切地说应该是给都德夫人的。“还有一件事要嘱咐您，塞莱斯特，万一我死去了，我可能很快就会死去了，不是吗？”

啊！当他死去时，他要她去通知穆尼尔教士，让教士在他的床头祈祷。

她按照他的要求全部记录了下来。他们一直工作到了凌晨两点，直到塞莱斯特觉得精疲力尽、寒意阵阵，他们都冻僵了。普鲁斯特大谈特谈医生们的坏话，如今这些话塞莱斯特耳朵也听出老茧了。她很累，所以也懒得辩驳。他要了笔，塞莱斯特一离开，他就自己一个人继续工作。他写了一个小时，直至凌晨三点，再也无法继续了。他摇铃叫来了塞莱斯特，嘱咐她将补充的内容粘到书中。“塞莱斯特，您一定知道贝戈特、阿尔贝蒂娜的冰激凌、垂死之人的无聊琐事、垂死之人的无聊琐事吧？”

“您说了两遍了，先生。”

第七章

普鲁斯特没有睡觉，他眼睛眨得飞快，就像灯光下飞蛾震动的翅膀。他神色痛苦，仿佛连呼吸都很艰难。早晨七点，他反常地要了一杯很烫的咖啡。塞莱斯特答应了，跑到她姐姐玛丽·吉耐斯特待了一晚上的厨房。她说："我一直坚持到了现在，但我快要死了，我站都站不稳了。"她飞快地回到房里，端着放着咖啡和牛奶的银制托盘。塞莱斯特站在床边，用母亲看着孩子的目光看着普鲁斯特。为了讨她欢心，普鲁斯特将咖啡杯端到了唇边。"塞莱斯特，我可怜的小金丝雀，没有我你可要怎么办呢？我可怜的小金丝雀……您知道吗，塞莱斯特？那晚在贡布雷，妈妈也跟我说过这样的话来安慰我，但是我没有睡着，哭得不能自已。”普鲁斯特想签一张支票给她来表达自己的感激之情，但他太虚弱了，连名都没法签，只好作罢。他让塞莱斯特留他一个人在房中休息。塞莱斯特也很疲倦，她假装自己要回厨房或者房间，但其实就待在走廊的浴室旁，就在普鲁斯特床边的蓝色门帘后边。

一个小时后，他摇铃了，她从通向小客厅的那扇门走了进去。普鲁斯特问她为什么就站在门后，她说：“是的，先生，我就站在门后，因为我担心你还需要些什么，所以就想离您近一些，这样就可以立刻赶过来。”普鲁斯特让她别关床头灯，他把胳膊举起来伸向房间的某个地方，说房间里总有一个穿着黑色衣服、体形壮硕的女人。他不想靠近她，因为她如此庞大、如此黑暗，他不想触碰她。塞莱斯特答应了，站在床边等着他平静下来。随后，她出来，让奥迪隆立即去找比泽医生，顺道经过里兹酒店的时候拿一瓶冰啤酒。她自己下楼来到面包店，打电话给罗贝尔·普鲁斯特教授，但教授不在，接电话的是他的妻子玛尔特。她告诉塞莱斯特，罗贝尔今天在巴黎东部二十大区区政府后面的特浓医院上课。等他回来了，她会告知他塞莱斯特来过电话。

塞莱斯特以最快的速度赶回普鲁斯特的房间。他已经举止混乱，像是有什么东西强迫着他一般。她知道，只有将死之人才会这样。人们都说，那些将死之人会看到其他人看不到的东西。他注视着塞莱斯特的双手，说："这双小手将会合上我的眼睛。"他又说，"塞莱斯特，您一直照顾着我，就像是我的母亲。"

大约十点钟，比泽医生来了。在门口，塞莱斯特恳求他给普鲁斯特打一针，这违背了她的誓言。她答应过普鲁斯特再也不找比泽医生了，尤其不准他强行给他打针。

他们走进这间被死亡气息弥漫和笼罩着的房间。在普鲁斯特开口训斥之前，塞莱斯特就说，她偶然在阿姆兰大街遇见了比泽先生，他刚好在一家家问诊，看看病人的情况如何。普鲁斯特没说什么，他要了啤酒，结果迟迟没来，他对慢条斯理的奥迪隆有些不耐烦。啤酒来得太晚了，一切都来得太晚了，这就如同他的命运。趁着这时，比泽医生准备好了樟脑油注射剂，低声告诉塞莱斯特他会在大腿上注射。她稍微拉起被单，普鲁斯特猛地抓住她的手腕扭向一边，就像用开瓶器开酒瓶那样。“啊，塞莱斯特，啊，塞莱斯特，为什么？”在他苍白的脸色的衬托之下，他的胡子越发的黝黑。

比泽医生离开以后，罗贝尔·普鲁斯特来了，他妻子已经告诉他了。他发现比泽医生的那一针很及时、很有用。他把兄长从枕头上稍稍扶了起来：“亲爱的，我是不是让你难受了？我这样让你动得太剧烈了。你不愿意住在皮奇尼诊所吗？那里的主管是我的朋友拉米医生，路易·拉米医生是我的朋友，住在皮奇尼大街，离这儿并不远。塞莱斯特也可以继续陪伴在你身边。”

然而，普鲁斯特却只能疯狂地眨着眼睛。

罗贝尔出来找奥迪隆和塞莱斯特，让他们找来火罐，再拿来一床鸭绒压脚被。现在，什么都值得一试了。

塞莱斯特拿出了利伯提鸭绒压脚被。普鲁斯特总是很抗拒用这床被子，因为里面填充着羽毛。奥迪隆也拿来了火罐。此外，普鲁斯特医生还叫塞莱斯特拿来了枕头，这都没费很多工夫。

普鲁斯特太累了，罗贝尔也没法拔火罐，他让奥迪隆去找氧气球。“见鬼，我到哪儿去找氧气球？”“我不知道，你自己想办法，弄点氧气球没什么难的。”

普鲁斯特仍旧在追忆着斯万，他亲爱的斯万，他可怜的斯万。斯万在詹姆斯·迪索的画中还是如此年轻，离上流圈的阔少爷们有些距离。在加入他们之前，这群上流圈的阔少爷诸如罗斯柴尔德都属于一个著名的赛马俱乐部。斯万品位优雅、独到，穿着镶着珍珠的灰色礼服，帽子也用生皮作衬里。临终前，他病入膏肓、疲惫不堪，贪恋于任何事物，想要回到那个有同辈人、充满宗教氛围的家乡。他留着先知一般的胡子，没有完成对维米尔的研究。事实上，他也没有完成什么事情，他也没有真正地去做什么事情。其实，他是可以完成某一项壮举的，但他偏偏没有，他选择了生活，选择去讨好那些女人、出席各种沙龙、恭维伯爵夫人和对艺术夸夸其谈。普鲁斯特以丑化斯万为乐，疾病在不断摧残着斯万的外表，把他的鼻子变成了希伯来老人“普钦内拉”[1]的鼻子，把他的脸色变成像长着雀斑、熟透了的梨子的那种青色。他最终被葬在了拉雪兹神父公墓，可能不久以后普鲁斯特也将被埋葬在那儿。斯万的结局有点儿惨，但这也是因为他活着的时候什么都有，而且魅力无穷，所以普鲁斯特为他设置了一个有些悲凉的结局。人们有时很难原谅那些对我们造成了巨大影响的人，总有一天，我们将会走出这种影响，就如同从一场疾病中康复过来，就如同经历一场无望的爱情后得以修复的破碎的心。

下午一点，罗贝尔给他输了一些氧气，这减轻了他的痛楚，呼吸变得顺畅点儿了。罗贝尔让塞莱斯特去把他的同事比泽医生叫来。这两位医生共同商量了一会儿之后，决定应当找来著名的巴宾斯基教授。巴宾斯基教授六十五岁，阅历丰富，是伟大的沙可[2]医生的学生。不久之前，他曾为普鲁斯特夫人听诊过。他们三人在普鲁斯特涣散的目光之中进行了一场激烈的学术辩论，罗贝尔建议再进行一

---

1 普钦内拉（Polichinelle），小丑。

2 让 - 马丁 · 沙可（Jean-Martin Charcot，1825—1893），法国神经学家，现代神经病学的奠基人，被称为“神经病学之父”。

场樟脑静脉注射，巴宾斯基教授却怀疑普鲁斯特佯装疯癫，这一针没必要打，只会给病人带来更多的痛苦。塞莱斯特把比泽医生和巴宾斯基医生送到了门口，回来之后，她被普鲁斯特如同动物一般的目光震撼了。他深深地看着塞莱斯特和罗贝尔，不肯挪开视线。

那是一段漫长无声的寂静。

四点半，罗贝尔走向他的兄长，俯身靠近他，用手合上了他的双眼：“是的，塞莱斯特，他走了。”

第八章

塞莱斯特·阿尔巴雷和罗贝尔·普鲁斯特教授整理了那些堆在床上的私人物品，这些物品因为普鲁斯特害怕沾灰所以一直没让任何人触碰：杂志、点燃香粉的纸、最近收到的信件和最新一期刊登着他未发表片段的《新法兰西杂志》，他还需要核实及校对。塞莱斯特找来了一件晚间衬衫和其他合适的衣物，他们还更换了被单和枕套，这些都已经用很久了。她把窗户彻底打开，这是自那晚普鲁斯特晚间外出之后，塞莱斯特第一次打开这扇窗。她想让普鲁斯特双手合上放在被单上，在她家乡的村庄里，每当一个人去世之后都会这样做。然后，她会在他手中放一串念珠，这串念珠是吕茜·菲利－福尔夫人去耶路撒冷朝圣时给他带回来的，十字架上刻着“耶路撒冷”几个字。吕茜·菲利－福尔夫人是福尔总统[1]的大女儿，二女儿是安托瓦内特。早在搬去香榭丽舍大街之前，两位总统千金便与普鲁斯特成了好友。“罗贝尔先生，我想这会使可怜的马塞尔先生开心的。”塞莱斯特说。

“不会的，塞莱斯特，”无论兄长是工作劳累致死，还是双手合上放在被单上，罗贝尔都不太认同，“他不怎么信教。在我看来，他根本就不信教，何况我们家人都不是真正意义上的信教徒，他也不会比其他人更信教。塞莱斯特，你看他周末会去做弥撒吗？不。他唯一的信仰就是写作，写作才是他唯一必须完成的宗教仪式。能让他缄默祈祷的，就是思考如何写作下一个篇章。我很了解他，我的小马塞尔，就像您了解他那样。我敢肯定，您会和我有一样的感受。”

---

1 弗朗索瓦·菲利·福尔（François Flix Faure，1841—1899），法兰西第三共和国第六任总统（1895—1899）。

他们关了这几个星期持续亮着的床头灯，打开天花板上的灯。塞莱斯特说："还需要穆尼尔教士过来做祷告吗？马塞尔先生自己有这么个想法，想让他过来……"罗贝尔教授一时没有回答这个问题，他没想到。他只知道自己的兄长与常人不同，没有与之相类似的人，在这个问题上也是一样的。罗贝尔没有回答这个问题，他叫塞莱斯特剪下普鲁斯特的一绺头发，这是为了马塞尔，也是为了他自己。

晚些时候，雷纳尔多·哈恩到了。接着，他下楼去给和马塞尔共同的朋友们打电话，通过气压传信[1]给一位位朋友送去消息，诸如吉什、罗贝尔·德·比利、雅克·里维埃尔。他说："在病重一个月并拒绝接受治疗后，我们亲爱的马塞尔今夜离开了。"然后，他又上楼来。星期六到第二天的凌晨，他整晚都待在这里，先是在房间，随后去了拥挤的客厅。塞莱斯特看见他坐在乐谱上，伸展着四肢。他在客厅稍作停留之后，又折返回马塞尔的房间，好像是要反复核实马塞尔已经去世的现实。他说他再也听不

1 气压传信，《追忆似水年华》中提及的一种传递消息的方式。

到马塞尔的声音了，再也无法与马塞尔四目相对了。他拉着马塞尔的手，久久地握在手中。这时，塞莱斯特客气地递过来一本书，那是普鲁斯特先生亲笔题字献给她的精装版《在少女们身旁》。雷纳尔多有些嫉妒，为什么他是普鲁斯特的朋友，却没有这罕见的版本？塞莱斯特把这本书当作礼物送给了他，并告诉他这是很常见的版本。

雷纳尔多把书翻到扉页，大声朗读起来：

给花丛中年轻的女士（不是没有荆棘的花儿，唉！），衣服血迹斑斑，但却温和地笑着，眼睛如明镜一般，如让娜·达尔克－雷卡米埃－波提切利般。她似乎是在朝我们微笑，但大错特错！她的丈夫，亲爱的奥迪隆，如提香在劳拉·迪安帝画前那般俯身。但她，明眸皓齿，她不是在朝着奥迪隆微笑，也不是朝着我微笑，而是朝着她自己微笑。

“这句话的结构不是很严谨，您发现了吗，塞莱斯特？您送给我这本《在少女们身旁》，会不会让您感到烦恼？毕竟，我们亲爱的马塞尔是送给您的，我应该把书还给您。不用吗？您真的确定吗？也是的，毕竟这是一本书而已，我想您应该还会有其他东西……不，确实，这种手段对您来说，是不是太下作了？”

十九日星期天，第一个到来的是莱昂·都德。他哭了。随后，诺阿耶夫人也来了，她呜咽着拥抱了塞莱斯特。接着，保尔·莫朗、费尔南·格雷格、吕西安·米拉公主、房间也不愿进就离开的罗贝尔·德雷菲斯、莱昂·都德的小哥哥吕西安·都德、乔治·德·劳里斯、罗贝尔·德·比利、埃德蒙·迦卢、让·科克托、加布里埃尔·阿斯特律克、玛尔特和苏西·普鲁斯特都来了。埃德蒙·迦卢看见普鲁斯特的两颊凹陷瘦削，脸上笼罩着绿色的暗影，如同一个西班牙大画家的面孔。雅克·波雷尔在普鲁斯特手中塞了一个浮雕玉石，那是阿纳托尔·法郎士[1]于一八九四年《红百合》首次出版以后送给他母亲蕾雅娜的。

---

1 阿纳托尔·法郎士（Anatole France，1844—1924），法国作家、文学评论家、社会活动家，一八九四年其作品《红百合》（Le Lys rouge）出版。

塞莱斯特代罗贝尔教授到楼下的面包店给画家以路[1]打了个电话，请他过来给马塞尔的遗体画一幅画。他画了两幅铜板刻画，一幅送给了罗贝尔·普鲁斯特，另一幅送给了塞莱斯特。

以路离开以后，艺术家杜诺耶·德·塞冈扎克来了，他画了一幅普鲁斯特的侧脸木炭画和两幅墨笔画。随后，科克托请来了摄影师曼·雷[2]。

费尔南·格雷格到的时候，雷纳尔多·哈恩正单独和塞莱斯特待在一起。他们就在普鲁斯特的遗体身旁分享着有关于他的记忆，娓娓道来关于他的一切。例如，两年前普鲁斯特搬进公寓的时候，房间里和现在一样杂乱拥堵，家具随处摆放着，画也散乱地靠在墙角的地板上，到处都是无足轻重的东西。塞莱斯特整齐地摆放好壁炉台上单面

---

1 保罗·塞萨尔·以路（Paul César Helleu，1859—1927），法国油画家、粉彩画家、铜版画蚀刻和设计师。

2 曼·雷（Man Ray，1890—1976），达达主义的奠基人，先锋摄影大师，诗人，雕塑家，超现实主义电影的开创者，是有史以来第一个摄影作品价值远远超越其他艺术形式的艺术家。

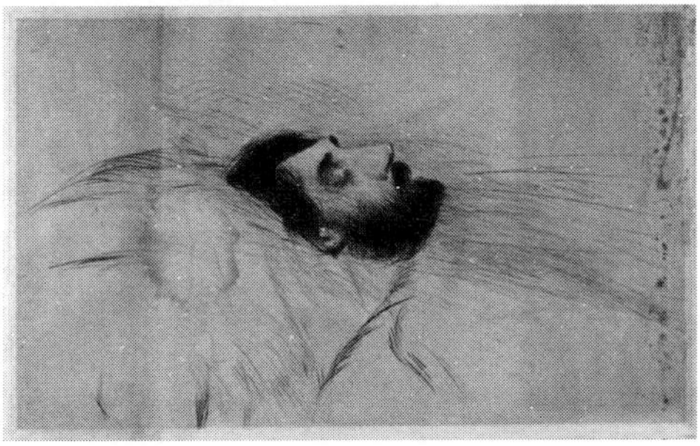

保罗·塞萨尔·以路为普鲁斯特画的遗像。

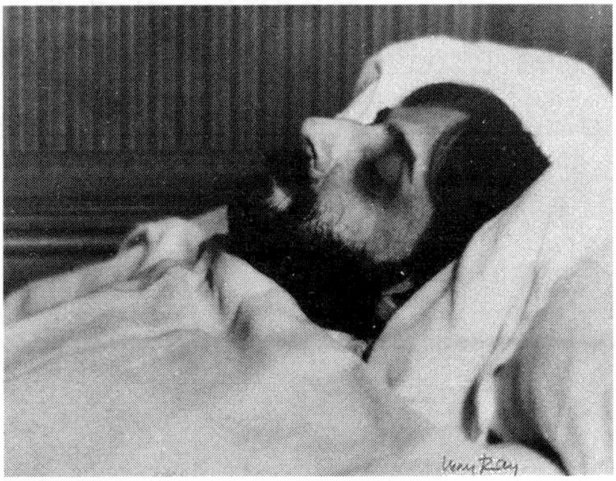

曼·雷拍摄的普鲁斯特的遗像。

仿皮漆布作封面的手稿，然后就离开了。房间里，就剩下费尔南与雷纳尔多独处，他们分享着彼此的知心话。

普鲁斯特生前，人们什么都不能与他讲，他冲动、易怒，甚至出名后，他必须得到人们的赞美，必须沉浸在他人的仰慕之中。就像一位母亲必须无条件地服从一个三岁的小孩，普鲁斯特也需要人们无条件地服从他。“比如说吧，”雷纳尔多说，“有一天，我对他说：我觉得他的句子，怎么说呢，稍微有些长了……我当然可以这样，对吗？每个人都可以对朋友说出自己的想法，对吗？否则您想想看，除了对这个朋友，我还能对谁表达自己的心迹呢？我说完以后，我们的小马塞尔并没有提出什么异议，好像我刚才说的话无关痛痒，毕竟这也只是我个人的想法罢了。一年后，我在里兹酒店又遇见了他，他向我呵斥道：‘雷纳尔多，您不喜欢我的风格！’‘马塞尔，我怎么不喜欢您的风格了？’‘是的，是的，我知道，您不喜欢我的风格。再说了，您完全有权不喜欢我的风格，因为人们并不需要喜欢所有人的所有风格。看看斯万，他虽然不怎么喜欢奥黛特的风格，但并不妨碍他对她的爱恋……’”等。

雷纳尔多与格雷格回想起普鲁斯特首次出入沙龙的场景，那时他才二十一岁。雅克－埃米尔·布朗什为那时的他画了一幅肖像画，他的纽扣眼处别着一朵山茶花，拜倒在夫人的石榴裙之下。那时，人们并不怎么看重他。“拜倒？那事想必您肯定知道……”“对的，在孔多塞中学的时候，我们曾创办过《欢宴》[1]杂志，罗贝尔·德雷菲斯、路易·德·拉·萨勒、丹尼尔·阿莱维、奥拉斯·菲纳利、雅克·比才……雅克·比才沾染了鸦片和海洛因，对吧？后来，他为了一个风情万种的女人自杀了。十五天后，我们第一次组织的《欢宴》小团体就这么消失了。我记得马塞尔在菲纳利家、斯特劳斯家、特鲁维尔[2]的黑人罗什家和安娜·德·诺阿耶家中与玛丽调情。大夏天时，在韦伯的家中，半夜里他还穿着毛皮大衣，衣领处拖着难看的棉絮，飘来飘去像个幽灵一般。在那会儿，我们的小马塞尔就是个病快快的老小孩。但谁又能相信呢？他像查尔斯·阿斯

1《欢宴》(*Le Banquet*)，一八九二年三月，马塞尔·普鲁斯特和几位朋友共同创刊，于一八九三年三月停刊。

2 特鲁维尔（Trouville），法国海滨城市，散漫闲适。

一样，游手好闲，热衷于上流社会，但后来却因为一部无与伦比的杰作而万古流长。”

所有人都走了，两个戴着修女帽子的修女站在床边。她们希望塞莱斯特可以留她们自己在房间，不过塞莱斯特没有答应。她们俩太狡猾了，她担心她们俩会在她离开后打盹儿。不过，她把事情想得也太糟了。普鲁斯特曾反复给她灌输过这种警惕的意识，教她要透过现象看本质。又或者，她沿袭了家乡洛泽尔省的风俗。人们从来都不曾了解，他们也不会了解，关于他人的一切，关于他们内心深处最真实的想法。

第九章

罗贝尔·普鲁斯特独自一人待在他兄长的房间中，等着承办葬礼的人到来。他叫来了塞莱斯特，在入殓之前做最后的告别。她定做了一个小小的十字花环，放在棺材上面。他会喜欢精致的花儿的，但他不能像在世那般享受其中的乐趣了，不能再坐在奥迪隆开着的车中，透过窗户看着外面盛开的花朵。每年到了五月，他就常让奥迪隆带他去森林。在当松维尔附近的贡布雷，他会独自去散步，去遥远的地方看山楂花。

第二天，罗贝尔开着车带着塞莱斯特去参加葬礼。他没让塞莱斯特坐她丈夫的车，因为她是他兄长生前最亲近的人，开车载她是对她起码的尊重。

葬礼的主持是圣－皮埃尔－德－夏约教士。安托瓦内特·富尔、格雷菲勒伯爵、玛丽·米拉公主、雷纳尔多和他姐姐玛丽、迪亚吉列夫站在教士的面前。德鲁弗（或者叫德勒普夫？没听清楚）教士发表了一篇葬礼祷告，接着有人演奏了莫里斯·拉威尔[1]的《悼念公主的帕凡舞曲》。有人在不停地书写，可能是在为写文章准备素材：犹太贵族和巴黎男同性恋们站在人群之中，四处都是上过粉底的脸、涂过指甲油的指甲，还有四处探寻的目光。

钟响了。

葬礼结束后，戴着圆顶礼帽、手臂里挎着雨伞的巴雷斯和莫里斯在交谈，埃蒂安·德·博蒙伯爵离他们不远。巴雷斯说："我一直觉得他是犹太人，小马塞尔。多么美好的葬礼啊……最终，我们的小青年……"加布里埃尔·阿斯特律克和莱昂·都德彼此交恶，却上了同一辆回去的车。

---

1 莫里斯·拉威尔（Maurice Ravel，1875—1937），法国作曲家，印象派作曲家的最杰出代表之一。

还有一支小插曲，让在场的人都笑了：因为人们正要离开去往拉雪兹神父公墓安葬普鲁斯特，费尔南·格雷格的小狗福利宝慌张地逃走了，躲在花朵装饰的柩车底下。

人们去往拉雪兹神父公墓高处的八十五墓区，那儿葬着阿德里安·普鲁斯特和他的妻子让娜。

安葬了普鲁斯特后，奥迪隆·阿尔巴雷、塞莱斯特和玛丽·吉耐斯特回到了阿姆兰大街上的公寓里，这是为了再将公寓整理一番，做一次大扫除。

正是在阿姆兰大街上，塞莱斯特在书店的玻璃橱窗中看到了普鲁斯特先生的《在斯万家那边》《在少女们身旁》，可能还有《盖尔芒特家那边》。《新法兰西杂志》出版社的编辑商务经理特龙什先生会借着大作家之死这一契机好好地对其作品做一场营销。他们将会在所有的报纸上报道这件事情。这次，他们不会再等普鲁斯特先生的同意然后浪费不必要的精力写一封长信给他们了。这一次不会了。一吨一吨的纸浆化作了纸张，然后被送往印刷厂印刷、装订成书，随后发往各个书店，这一切仿佛被施了魔法一般。

在阿姆兰大街，销售普鲁斯特的作品成了书商们的分内之事。若普鲁斯特先生在世，看到这番场景一定会很开心，他的书终于像模像样地完成了一整套的运作制度送到了读者的手中，就像一艘巨大的、准备出航横跨大西洋的邮轮。对于逝后作品大卖这件事情，普鲁斯特在生前有过零星的猜想，但这场大卖毕竟是要用他的死亡作为代价的。他的作品最终还是吞噬了他，将他消耗得油枯灯尽，就像法布尔所研究的那种土居黄蜂的幼虫所啃食的那些活着的、神圣的殉难者毛毛虫。

塞莱斯特又在阿姆兰大街上待了一段时间，久久地注视着橱窗中她主人的作品，她在怀疑自己是否身在梦中。她曾听过普鲁斯特先生口授过关于贝戈特之死的补充内容：他幻想着，在贝戈特死后，他所虚构出来的这位作家的作品将会陈列在书商们的橱窗中；于他而言，这便是一场复活。此刻，看到陈列着的图书，塞莱斯特恍若梦中。她记得普鲁斯特先生喜欢引用福楼拜的一句话：不管怎样，这真是一种奇怪的象征。

除了整理公寓，他还让她履行过一个承诺：把他口授的补充内容仔细地粘到《阿尔贝蒂娜不知去向》的最新校样的版本之中，而且要按照他所规定的顺序，接着把纸页折好。这些只有塞莱斯特才知道，除了她，世上再无人可以做到。

家中仍旧堆着那些家具和杂物，那些都是他父母遗留下来的，经过无数次的搬家，仍旧保留着。例如，顶部亮着壁灯的橱柜，自从搬到阿姆兰大街，这个橱柜从未打开过，钥匙放在一个抽屉里。橱柜里放着一些让娜·普鲁斯特夫人的零星衣物用品，还有一盒绣着瓦朗西纳花边的手帕，上边绣着夫人名字的首字母“JP”。手帕是让娜·普鲁斯特夫人很久以前在距离玛德莲教堂[1]几步路的特华卡提商场[2]买来的，送给她的“小宝宝”。盒子的饰带都不曾解开过。

罗贝尔·普鲁斯特留下了他兄长的床，涂有黑漆桃花

---

1 玛德莲教堂（La Madeleine），位于巴黎八条主要大道交会处的玛德莲广场（Place de la Madeleine），加上巨大、庄严的外观，成为巴黎最知名的建筑代表之一。

2 特华卡提购物中心（Trois Quartiers），位于巴黎市中心，巴黎歌剧院和玛德莲教堂附近。

心、配有三个抽屉的木制书桌，以及一个配有玻璃门的黑色书架，里面摆着他的书和两只奇丑无比的中国青铜大象，但这符合他父母和他们那个时代巴黎资产阶级的审美品位。它们在书架上摆得很显眼，但普鲁斯特很久都没再观赏过它们了。书桌以前是阿德里安·普鲁斯特教授的，它将被运到位于奥什大道上罗贝尔的办公室中，直到一九三五年他去世。很久以后，收藏家雅克·盖兰购买了这些家具。再后来，这些家具都进了巴黎卡尔纳瓦莱博物馆[1]。至于屏风、三个小床头柜、绿灯罩的床头灯、扶手椅、矮椅和梳妆台，这些都送给了塞莱斯特。这是之前就说好的，没有什么异议。不过，普鲁斯特不曾在塞莱斯特面前提过他有什么遗嘱或者遗愿。奥拉斯·菲纳利和斯特劳斯夫人问过她，他们是否可以做些什么来补偿她、帮助她，减轻她的负担，报答她的劳心费神和令人赞誉的奉献精神，但她什么都不想要。这一切都是她所甘愿的，没有想过要得到什么报酬。

---

1 卡尔纳瓦莱博物馆（Musée Carnavalet），现巴黎市历史博物馆，里面有关于整个巴黎市历史的详细介绍。

塞莱斯特又遇到了苏西·普鲁斯特。“和他生活在一起，其实也挺不容易的，是吗，塞莱斯特？”塞莱斯特大声反对[1]。在罗贝尔·普鲁斯特的家中，他们应该多说说小马塞尔的好话，选择恰当的言辞，尤其是在玛尔特和苏西的面前。罗贝尔·普鲁斯特的夫人总想向马塞尔“掩盖”罗贝尔的不忠……玛尔特很清楚那些事，苏西也有所耳闻。

几天后，遵照罗贝尔的建议，塞莱斯特去了巴尼奥莱德洛尔恩[2]修养。

一九二四年，奥迪隆受够了开车。他以前载的是普鲁斯特或者别人，然而以后却只能载别人。普鲁斯特辞世以后，他也再无心工作，于是转卖了他那崭新而昂贵的红色雷诺。他一直觉得这辆车特别适合停在里兹酒店的门口，不过他很少停在那儿。阿尔巴雷夫妇用余下的存款在加内特街十四号买了一间小小的公寓，这条街是位于圣－叙尔

---

1 有关资料记载，塞莱斯特回答说：“不，很容易，他的专横是白费功夫，我把它当成优点来喜爱。”她承认太爱他而不怕他。事实上，她对他的忠诚、对他的爱，是无条件的。

2 巴尼奥莱德洛尔恩（Bagnoles-de-l'Orne），法国奥恩省的一个市镇，属于阿朗松区（Alençon）瑞维尼苏桑代讷县（Juvigny-sous-Andaine）。

比斯和圣－日耳曼之间的一条窄街。

罗贝尔·普鲁斯特教授去世以后，人们在一间阁楼中发现了他兄长于一九二一年五月亲笔题字赠送给他的《索多姆与戈摩尔》，上面写着：“献给我全心全意欣赏和深爱着的弟弟，你的马塞尔。”有人说罗贝尔对于这本有自己兄长亲笔题字的赠书并不知情，但他们搞错了，完完全全地搞错了。

少年普鲁斯特